PEN-BLWYDD MWNCI,
GOGYROGO A CHAR GWYLLT

Llyfrau Llafar Gwlad

Pen-blwydd Mwnci, Gogyrogo a Char Gwyllt

Steffan ab Owain

Cyflwynedig i Cian, fy ŵyr bach

Argraffiad cyntaf: 2016
ⓗ Steffan ab Owain/Gwasg Carreg Gwalch

Rhif rhyngwladol: 978-1-84527-558-7

Mae'r cyhoeddwr yn cydnabod cefnogaeth ariannol
Cyngor Llyfrau Cymru

Cynllun clawr: Sion Ilar

Cyhoeddwyd gan Wasg Carreg Gwalch,
12 Iard yr Orsaf, Llanrwst, Conwy, LL26 0EH.
Ffôn: 01492 642031 Ffacs: 01492 641502
e-bost: llyfrau@carreg-gwalch.com
lle ar y we: www.carreg-gwalch.com

Argraffwyd a chyhoeddwyd yng Nghymru.

Cynnwys

Rhagymadrodd

Mae fy niddordeb mewn geiriau llafar gwlad yn ymestyn yn ôl sawl degawd bellach. Dros y blynyddoedd rwyf wedi cael fy ngwefreiddio dro ar ôl tro wrth ganfod y cyfoeth o werineiriau, termau ac ymadroddion a fedd yr iaith Gymraeg. Yn wir, y mae dewis da o lyfrau wedi eu cyhoeddi ar y testun hwn, gydag ambell un yn dyddio'n ôl i ddechrau'r ugeinfed ganrif, eraill o gyfnod diweddar, heb anghofio cyfrolau blaenorol cyfres Llafar Gwlad, Gwasg Carreg Gwalch.

Wrth gwrs, byddai'n ddigon hawdd troi at y llyfrau hyn ac ailadrodd beth sydd wedi ei ddweud eisoes. Pa fodd bynnag, amcan y gyfrol hon yw trafod geiriau, ymadroddion ac ambell hanesyn perthnasol iddynt nad ydynt, ar y cyfan, wedi eu cynnwys mewn un gyfrol o'r blaen. Serch hynny, mae'n rhaid cyfaddef fod amryw o'r rhain wedi ymddangos mewn print rhywdro a chodwyd rhai o hen ddogfennau, newyddiaduron a chylchgronau ein hynafiaid, yn ogystal â rhai llyfrau Cymraeg – hen a diweddar. Cofier, bydd ambell air, term ac idiom wedi ei godi oddi ar lafar gwlad, ac efallai nad yw wedi ei gofnodi ar bapur o'r blaen. Y mae'n anodd credu, ond mae hi'n bosibl – hyd yn oed yn yr oes fodern, dechnolegol hon – clywed ambell hen air neu ymadrodd sy'n newydd sbon danlli i'r gwrandawr a'r casglwr geiriau.

Er mai brodor o ardal Ffestiniog ydw i, casglwyd y geiriau a'r dywediadau o sawl ardal ledled Cymru, ac yn ddiau, bydd peth mwdrel ohonynt yn eiriau dieithr i'r rhelyw, gan nad ydynt mewn defnydd beunyddiol gan y to presennol, ac nid oes sôn amdanynt yn ein geiriaduron a'n llyfrau termau. Heb os nac oni bai, mae ambell air yn y casgliad yn hen iawn a heb eu harfer ers blynyddoedd lawer. Eto i gyd, credaf fod iddynt eu lle yn hanes y Gymraeg, ac y gallant fod o ddiddordeb i haneswyr ac i rai sy'n astudio iaith lafar ein dyddiau ni. Mae llawer ohonynt yn eiriau sy'n dal yn berthnasol i'n byd ni heddiw, ac o wybod amdanynt, gallent gyfoethogi ein sgyrsiau bob dydd. Peidied, da chi, â bod ag ofn eu defnyddio. Gobeithio y bydd amryw o berlau'r iaith sydd yn y gyfrol hon yn rhoi mwynhad i'r darllenydd.

Steffan ab Owain
Mehefin 2016

Byrfoddau

ayyb / &c	ac yn y blaen
GAG	Gwasanaeth Archifau Gwynedd
GPC	Geiriadur Prifysgol Cymru
HC	Herald Cymraeg
LLGC	Llyfrgell Genedlaethol Cymru
OALG	Oddi ar lafar gwlad
S.	Saesneg

Pennod 1

Rhwydo Geiriau

Yma ceir rhai o'r geiriau, termau ac ambell idiom a nodwyd gennyf dros y blynyddoedd, gan gynnwys rhai sydd, rywfodd, wedi mynd trwy rwyd y geiriadurwyr. Rwyf hefyd wedi ceisio eu gosod o dan wahanol benawdau.

Ychydig o hyn a'r llall

A

adain y gwynt – wedi mynd ar adain y gwynt, h.y. wedi cael ei chwythu gan y gwynt; wedi mynd yn gyflym i rywle.

a'i ben wrth y post – yn ddisymud o'r gongl

annoeth cicio nyth cacwn – cyngor i un i beidio â gwneud peth ffôl, neu achosi helynt. Credaf mai un o linellau Anthropos yw yn wreiddiol.

ansbaradigolaethus – gair wedi ei lunio mewn hwyl gan rywun yw hwn a defnyddir ef am rywbeth ofnadwy neu afreolus tu hwnt. Clywais ŵr o'r Blaenau yn dweud un tro am fechgyn ychydig yn anystywallt: 'Dyna i chi griw ansbaradigolaethus oedd y rheina'. Defnyddir 'ansbaradigaethus' hefyd.

apŵ – Mae hi'n apŵ arnynt, sef mae hi ar ben arnynt (Gwynedd).

ar dân – nid yn llythrennol, ond yn ysu o eisiau gwneud rhywbeth.

ar daen i'r pedwar gwynt – am rywbeth wedi hen fynd ar led.

ar gefn ei goblyn – pan fydd un yn anniddig, styfnig a diwrando.

ar y cibaldra – ar gyflymder mawr (cymoedd y de).

asgwrn Pharo – roedd y graig fel asgwrn Pharo, sef yn galed dros ben.

B

begegyr – sŵn ffrwd y mynydd (Ardudwy)

berjan – gweler 'carreg berjan', **Ar lan y môr ac o dan ei donnau**, t. 84

berwi ei ben – am un sy'n ymddwyn yn afresymol: 'Mae isio berwi ei ben'.

blas 'chwaneg – dyma sydd ar damaid blasus yn aml. Melys moes mwy.

blas llaid – blas annymunol ar rywbeth

blodyn tatws – enw anwes a ddefnyddir wrth siarad â phlentyn, fel rheol: 'sut wyt ti, 'mlodyn tatws i?'.

bochau bodlon – arwydd o ewyllysgarwch

bretyn gwlanen – dyma'r enw a ddefnyddiaf i am wlanen ymolchi. Rhai blynyddoedd yn ôl holais nifer o'm cydweithwyr yn yr Archifdy yng Nghaernarfon beth oedd eu henw nhw amdano, a dyma beth a ddywedwyd wrthyf: cadach ymolchi, clwt ymolchi, gwlanen fach a gwlanen ymolchi. Y mae hi'n amlwg bod amrywiaeth dda o enwau Cymraeg ar hwn.

bron â thorri ei fol – bron â marw o eisiau gwneud rhywbeth.

beulan – darn copr neu ddarn pres: 'Does genna i ddim beulan arnaf'. Credaf fod beulan yn golygu llaw chwith yn Ynys Môn.

C

cadw dygwyl bentan – cael diwrnod adref o'r gwaith, neu oddi wrth ryw orchwyl arall.

cam fel cimwch – pan fydd rhywun neu rywbeth yn wyrgam fel cefn cimwch.

canu cân y gog – siarad neu sôn am yr un peth byth a hefyd, h.y. 'mae fel tôn gron'.

carcwn – pobl goman, caridŷms. Cofio tai â'r glasenw 'Tai Carcwn' arnynt.

carreg o flaen olwyn – mwy o rwystr nag o gymorth

cerdded y lôn las – a ddywedir am un yn methu â chyrraedd ei amcan.

cewc – cipolwg, golwg sydyn ar rywbeth. Hefyd yn yr ystyr 'heb gewc', sef heb syniad sut i wneud rhywbeth (ardal Aberystwyth).

cic wag – ceisio cicio rhywbeth a'i fethu a chael coblyn o herc yn y pen-glin.

ci drain – un cyfrwys yn ei garwriaethau a phethau cyffelyb.

ci stryd – ci sydd â thragwyddol hawl i gerdded yn rhydd ar ein strydoedd. Defnyddir yr ymadrodd hefyd am berson sydd byth gartref ac allan ar hyd strydoedd y dre, ddydd a nos, ac ymhob tywydd.

clambwri – pethau diwerth, ysbwriel (ardal Ceinewydd).

cletsio – creu sŵn wrth guro rhywbeth; curo neu stampio â'r traed.

cloffi rhwng dau feddwl – methu â phenderfynu yn iawn ar ryw fater.

clwch – gair a glywais fy mam yn ei ddefnyddio sawl tro i ddisgrifio rhywle neu rywbeth clyd, esmwyth a chysurus.

colstro – difetha, drysu, cyboli pethau neu gyboli siarad.

cordeddu celwyddau – rhaffu celwyddau, dweud un celwydd ar ôl y llall. Dywediad arall yw 'mae o yn eu magu nhw'.

corn malwen – 'tynnu'n ôl fel dau gorn malwen', sef cilio o ymrafael neu ddadl.

crinc / crinci – person annymunol, un croes a blin.

cusanu gofidiau – gwneud sŵn â'r wefus, megis 'tst-tst' wrth glywed newydd trist.

cynllath – tuedd i beidio â dweud yr holl wir am rywbeth. 'Mae o'n un cynllath.'

cyrbibion ulw – yn deilchion, yn rhacs dipia' mân

cytrowla – chwilota, ystrowla, chwilfatha: 'mae'n cytrowla yn y cypyrdda' 'na'.

CH

chwaer yr haul – geiriau o ganmoliaeth am oriawr, neu watsh yn cadw'r amser yn rhagorol: 'mae hon fel chwaer yr haul'.

chwenc – gweler yr adran **Bwyd a diod**, t. 32

chwilen yn ei glopa – dim yn llawn llathen!

chwilfyddyn – mymryn, gronyn. 'Yr un chwilfyddyn ar ôl.'

chwinciad chwannen cath – amrantiad; dim o amser.

chwitryll – yn chwitryll o'i go, sef yn wyllt gandryll. Un o werineiriau Ardudwy.

chwys fforddoliwr – dywediad dirmygus am rywbeth nas gwelir yn aml, gan gyfeirio at y gwŷr a weithiai ar ffyrdd haearn (tramffyrdd) y chwarel, sef *platelayer*: 'mor brin â chwys fforddoliwr'.

D

dau gorn lleuad – 'Roedd hi'n torri'r bara nes roedd y dorth fel dau gorn lleuad'; cilgant.

> Paid byth â chymryd merch yn gariad
> Os bydd ei thorth fel dau gorn lleuad.

deco – cael deco arno, h.y. cael golwg arno; cael sbec ar rywbeth

dibyn-dawn – un yn sôn am yr un peth byth a hefyd (S. *one track mind*)

digon sydd ddigon – dyma hen rigwm am hyn:

> Digon sy' ddigon
> A gormod sy' flin,
> Beth alli di wneud
> Â mwy nag alli di drin.

11

dechrau gorchwyl yw deuparth y gwaith a chroesi'r trothwy yw hanner y daith – ychwanegiad i'r hen ddywediad adnabyddus a glywais gan rai o gyffiniau'r Bala a Llanuwchllyn.

dim am ddim, a dim llawer am ddimai – hen ddywediad cyn newid i'r arian degol; popeth yn ddrud.

dim lle i chwipio chwannen – disgrifiad o le cyfyng dros ben

dim siawns sioncyn gwair – dim gobaith o gwbl

E

efo gofal a bwyd llwy neu **efo lwc a bwyd llwy** – golyga rywbeth yn debyg i'r ymadrodd 'os byw ac iach'. 'Mi welaf di yno'r wythnos nesaf – efo gofal a bwyd llwy.'

eiliad brân – byddaf yno mewn eiliad brân, h.y. mewn chwinciad

epil Rhonwen – gair dirmygus am y Saeson. Y mae 'Plant Alis' a 'Hil Hengist' yn ddau arall.

esgus cloff – esgus gwan

F

fel ceffyl dall – yn mynd i bob cyfeiriad a tharo pethau yn ei ffordd

fel clochydd – yn wastad mewn eisiau (Merthyr)

fel cornchwiglen – am ferch drahaus a swnllyd

fel cwch gwenyn – am rywle yn llawn prysurdeb

fel cwman ci – rhywbeth sy'n pontio fel cefn milgi main. Gwnaed defnydd o'r ymadrodd hwn yn englyn 'Dan Ddolur Cefn', Ioan Brothen :

> Hynod a fûm o heini, – ond dolur
> A'm daliodd i'm poeni
> Tra nghefn gwan fel cwman ci
> Mae'n anodd ymunioni.

Yn englyn Twm o'r Nant i 'Bont Rhydlanfair', a saif dafliad carreg o ffordd yr A5 rhwng Pentrefoelas a Betws-y-coed, 'cwman milgi' yw'r gymhariaeth:

> Llun enfys hysbys yw hi – llun camog
> A llun cwman milgi;
> Llun C, llun cerwyn freci,
> Llun cwr lloer yn llyncu'r lli.

fel cywion yr estrys – disgrifiad un wrth weld criw o blant yn dod yn ddi-drefn a heb ofal yn y byd.

fel hanner coron ddrwg – un anodd ei newid. Cyfeiriad at hanner coron yn yr hen arian.

fel het a llewys arni hi – un yn anobeithiol am wneud unrhyw beth. 'Mae'r hogyn 'ma fel het a llewys arni hi,' (OALG).

fel iâr dan badell –
1. un â dim clem am y byd o'i gwmpas;
2. un â het yn rhy fawr am ei ben / ei phen.

fel milgi sipsiwn – un sy'n crwydro ddydd a nos yn chwilio am ryw dameidyn.

fel pendil cloc – am rywbeth, neu rywun, sy'n mynd yn ôl a blaen.

fel tân eithin – rhywbeth sy'n parhau tros dro; tân siafins.

> Nid oedd coel ar dafod Gwen
> Mwy na thân ar eithinen.

FF

ffair dan gap – dyma'r *lucky dip* gan y plant ers talwm.

ffair sborion – arwerthiant hen ddilladau a geriach (S. *jumble sale*)

ffit bren – syndod mawr. 'Mi gaiff ffit bren pan welith y llanast 'ma.' Tebyg i'r ymadrodd cyfoes – 'mi gaiff hi gathod bach pan glywith hi beth sydd wedi digwydd'.

fflarbio – blino, hario; 'Wedi fflarbio'n lân'.

ffliwjian – mymryn, tameidyn. 'Dim ffliwjian ar ôl.' Hefyd yn yr ystyr 'dim ffliwjian o beryg'.

fflawsio – ffrydio, pistyllio allan o rywle

ffrintach – gwledd, amser da (S. *a treat*)

ffrwl-ffralog – un heb boen yn y byd (S. *happy go lucky*)

ffwl-ffala – chwilio neu balfalu yn y tywyllwch. Ffwt-ffala a geir yn GPC.

G

glynu fel gelen neu **glynu fel geloden**. Gele, neu gelen (S. *leech*).

gresyn garw – trueni mawr, biti garw. 'Gresyn garw i'r hen gath farw.'

gweithio i fyw, nid byw i weithio – h.y. gweithio er mwyn cael dau ben llinyn ynghyd a gwella eich sefyllfa yn y byd, ac nid byw fel caethwas llafurfawr.

gwenu fel giât – gwenu yn llydan; gwenu o un pen y geg i'r llall.

gwasgaru fel cywion petris – sgrialu nerth eu traed pan fydd rhywbeth yn eu dychryn neu'n tarfu arnynt.

gwerin y graith – y Cymry cyffredin, y werin bobl; halen y ddaear.

gwin a gwermod, haul a chawod – dyna yn ôl rhai yw patrwm ein bywyd ni i gyd.

gwynto'r bwch – synhwyro bod rhywbeth o'i le, neu fod rhywun yn eich camarwain. Un o ymadroddion gwych Morgannwg (S. *to smell a rat*).

H

haldiwario – ffraeo a checru (Chwarel Dinorwig, Llanberis a'r cyffiniau)

heb ei fai, heb ei eni, a choed ei grud heb eu plannu – ychwanegiad cadarnhaol at y dywediad arferol 'heb ei fai, heb ei eni'.

hen gwrnad – un yn chwyrnu yn barhaus; cwrnad; sŵn aflafar, gw. GPC.

hogia caib a rhaw – hogiau'r werin

holbena – crwydro hwnt ac yma; gwagrodianna (Meirionnydd).

hwi hai – sef heb gyfeiriad nac amcan. Ei ystyr yn ôl GPC yw annog neu beri brys i yrru anifeiliaid.

hwyr ulw las – hwyr dros ben, hen bryd

hyd at y ddau ymyl – yn llawn hyd at yr eithaf, er enghraifft: 'roedd hi wedi llenwi'r jwg llefrith hyd at y ddau ymyl'.

I

igin – bach, bachigyn; 'cadair igin', sef cadair fechan fel y rhai a gynigir yn wobr mewn eisteddfodau lleol.

injian falu metlin – roler mawr y ffordd. Clywid hyn yn aml yn ardal Blaenau Ffestiniog pan oeddwn i yn hogyn (S. *steam roller*).

injian Twm Ffen – enw a glywais gan Alun ac Eryl Owain am y *platelayer's truck* a ddefnyddid ar y rheilffyrdd (Meirionnydd).

L

lali lw – moethau, maldod (clywyd hwn gan Arfon Gwilym).

lib-lab – un sy'n methu cadw cyfrinach, yn prepian am bopeth.

lordio – yn ymddwyn fel petai'n bwysicach na'r rhelyw. 'Mae o yn ei lordio hi.'

lowti-lartj – yn cerdded yn lowti lartj, h.y. gyda'r breichiau yn chwifio i fyny ac i lawr. 'Lowti lach' yn GPC.

LL

llac ei afael … llac ei afael a gyll – colli'r hyn sydd yn ei law

llacio'r gengl – ymlacio; rhyddhau'r belt a rhoi'r traed i fyny.

llechen yn rhydd ar ei do – am un nad yw'n llawn llathen.

llochgo – amrywiad ar y gair 'lechgo' (sir Gaerfyrddin). Gweler GPC.

llwdn cors – un gwirion, syml a di-ddweud.

llw het – mynd ar lw a dal het o'ch blaen, ac os na ddywedid y gwir, syrthiai llygaid y tyngwr i'r llawr drwy waelod yr het!

llwnc fel ych – llwnc mawr hir; cyfeiria at yfwr trwm hefyd.

llygindio –
1. cam-drin, gafael yn frwnt yn rhywbeth;
2. oedi; cerdded yn ara deg ac ar ôl pawb. 'Tyrd wir, paid â llygindio, wnei di.'

M

mae mwy nag un baw ci yng Nghaer – dywediad parod i un sy'n tybio nad oes un arall tebyg yn bod neu ar gael. Yn ôl *Diarhebion Cymraeg* (1965) gan J. J. Evans ceid dihareb debyg sef 'Mae mwy nag un baw yng Nghaer'.

mae'n mesur y ffordd – cerdded o un ochr y ffordd i'r llall dan effaith y ddiod.

meddwl y gwaethaf ond gobeithio'r gorau – dyna a wnawn ni yn aml iawn, yntê?

mesur ganwaith, torri unwaith – sicrhau nad ydych wedi mesur rhywbeth yn anghywir y tro cyntaf ac wedi ei dorri yn rhy fyr neu'n rhy hir.

methu â byw yn ei groen – methu â dioddef rhywbeth o gwbl, hefyd methu ag aros i rywbeth ddigwydd.

micri – ystumiau, migmans (Meirionnydd).

migmans / mosiwns (yn y de) – (S. *motions*). Gwneud arwyddion â'r dwylo (a'r breichiau) neu ystumiau â'r geg. 'Roedd o'n gwneud migmans arnaf fi o ben draw'r stafell.'

mwy o dwrw nag o daro – mwy o siarad a bygwth na gweithredu.

N

nadu crio – gweiddi crio

northa – strancio, gwneud sŵn a stumiau o bob math.

nos Sadwrn – bydd yn rhaid iddo wylio ei hun neu bydd hi'n nos Sadwrn arno yntau, h.y. bydd hi'n o ddrwg arno.

O

oel (olew) traed chwiaid – dŵr, h.y. pan roddir peth ar eich gwallt.

oen llathen, bustach milltir – ystyr y dywediad hwn yw y gall cludo rhywbeth rhwng trwm ac ysgafn fod yn ddim ymdrech am ryw gam neu ddau, ond pan olyga ei gludo gryn bellter, gall bwyso fel tunnell yn y diwedd.

oglau dydd a nos, gweler pennod **Byd Natur**, t. 60.

oriau mân y bore – oriau cynharaf y bore; oriau'r bore bach.

oriel yr anfarwolion – safle pwysig yng ngyrfa ac enwogrwydd un.

P

patro – siarad, brygowtha

pen wrth y post – yn ddisymud o'r gongl

piltin – cyfarfod, neu ryw sioe neu ffair. 'I be ei di i ryw hen biltin fel'na?'

piltro – manylu a gwastraffu amser wrth weithio

plisman ar ôl y ffeit – un sy'n ymddangos neu droi i fyny ar ôl rhyw ddigwyddiad lle'r oedd angen cymorth ychydig cynt (OALG).

pnawn siopwrs – y prynhawn pan fyddai siopau'n cau am hanner diwrnod a'r gweithwyr siop yn cael amser rhydd. Ar brynhawn dydd Iau y digwyddai hynny ym Mlaenau Ffestiniog.

pob dydd wybran – sef pob dydd yn ddi-ffael. 'Mae'r deryn bach 'ma wrth ein drws pob dydd wybran.'

pob yn ail y mae'r dail yn dod – am rywbeth sy'n digwydd bob yn ail.

powld – digywilydd. 'Yn ddigywilydd fel cyw gog' medd rhai.

powsio – pistyllio, ffrydio, sbowtio. 'Roedd yr oel yn powsio allan o'r tanc.'

pres clicied – golyga bod un â digon o arian i brynu hanner peint mewn tafarn ... gan obeithio y gwnaiff rhyw gyfaill dalu am beint neu ddau iddo wedi hynny.

proffwydi gwae a gofid – rhai sy'n gweld popeth yn dywyll a diobaith.

pwl drwg – gall olygu cyfnod o salwch, ffit o chwerthin, neu ymddygiad afreolus.

R

rowlio – ymosod ar un a dwyn ei arian (S. *to mug*)

rwtj-ratj – yn ddi-drefn a phob sut

RH

rhabastella – segura, gwneud dim gwaith o gylch y lle (Ceredigion)

rhegi fel cath – rhegi a diawlio yn iawn

rhoi bys yn nhwll y fegin – drysu cynllun rhywun

rhwbstrel / rwbstrel – pan fydd pethau wedi mynd yn anhrefn llwyr, neu wedi mynd yn draed moch, fel y dywedir. 'Mi aeth hi'n rhwbstrel yno yn y diwedd.' Un o eiriau bro Ffestiniog.

rhwng dau olau – y cyfnod rhwng golau dydd a'r gwyll

S

sadliach /siadlach – sbwriel, pethau diwerth, gwasarn, sgrwff. Clywais un gŵr lleol yn cyfeirio at gerddoriaeth boblogaidd, sef canu pop, fel 'canu siadlach'.

saffar – sawyr, trywydd. 'Mae'r cŵn ar saffar y llwynog.'

sbengan – tynnu coes, cael hwyl

sbrwch – digrifwch neu hwyl (Meirionnydd)

sefyll ar ei wadnau ei hun – heb gymorth oddi wrth eraill

sgaflog – merch gyhyrog, afluniaidd

sgaffala – diofal, di-hid

sgìl (S. *skill*) i fyw, ffŵl i weithio – dywediad y dyn segur

sgrowdal – enw difrïol am ferch aflêr

sgwtrych – rhyw greadur di-lun (ardal Ceinewydd)

slymentian – rhyw orweddian a gwneud dim

smwlyn – un ansiriol, sych, heb fawr i'w ddweud wrth neb

snyfwl – ymyrryd â pheth pwysig neu beryglus (Meirionnydd)

stag – gair y Cofis am gael golwg, neu gael sbec, ar rywbeth

stagar – brâc ar gerbyd. Un o werin eiriau tref Caernarfon. Gweler *Atgofion am Gaernarfon*, T. Hudson Williams (1950).

straffwch – un di-lun

stori chwech – stori anodd ei chredu; stori ffansi

stotyn – dyn byr, stwcyn

straffaldiach – pethau diwerth, nialwch (Stiniog)

staffalan – sefyllian (Cyfeiliog)

stremis – llanast, poitsh, stremitsh. 'Mae wedi gwneud stremis go iawn y tro yma.'

stresol – prysur, wrthi'n gweithio'n galed

stuntio – yn ddisymud a chyndyn i weithio. 'Mae hwn yn stuntio eto heddiw' (Meirionnydd).

strwmbwl – swmpus (S. *bulky*)

stwyo – nid yn yr ystyr 'cystwyo', ond cywiro neu edrych os yw peth(au) yn iawn (S. *to check, to verify*).

stympog – un bach tew, disymud a digon diog ei ffordd. 'Ma'r hen stympog yn stuntio yn y gongl 'na.'

swadan – trawiad, celpan

swenta – cymryd hoe, hamddena, neu segura (Ceredigion)

sychmoryn – person sych, di-sgwrs ac anserchus (OALG)

T

taflu dros blwm – taflu dros ei throed fel craig grog (*overhang*). Yn 'wag dan din' medd y chwarelwr amdano.

tin clôs a gwar – un o ddywediadau fy nhad. Gwelir hyn yn digwydd yn y ffilmiau cowbois yn aml pan fydd rhyw ddihiryn yn cael ei daflu allan o'r salŵn gerfydd tin ei drowsus a choler ei grys am wneud rhyw ddrwg. 'Taflwyd ef tin clôs a gwar allan o'r llys.'

torri ei galon fel cyw gŵydd – dyna ddywedir am un yn torri ei galon am y peth lleiaf.

torri silff ei din – dywediad am un sy'n gwrthod cyfrannu dim at achos da neu wneud cymwynas fach ag un mewn angen. 'Gwylia di dorri silff dy din, y sinach.'

trechu'r amcan – gwneud y nod yn ddibwrpas (S. *defeating the object*).

treitsio – rhydio trwy laca neu ddŵr (Ardudwy)

troi clos – gwneud eich busnes yn y toiled; cachu

trebowndio – sboncio, trybowndio

trwch asgell gwybedyn – am rywbeth tenau iawn

trysorau'r Aifft – dyma a ddywed ambell un am rywle yn llawn addurniadau, hen gelfi a phethau gwerthfawr eraill. 'Wel, roedd ganddo drysorau'r Aifft yn y parlwr 'na.' Trysorau India ac aur Periw a geir yn emynau William Williams, Pantycelyn.

tywyllwch dudew – tywyllwch hollol; tywyll fel y fagddu, dywediad Beiblaidd, gw. Exodus 10: 22.

U

un di-sut – un heb fawr o drefn arno

unfryd unfarn – yn sicr ddiamheuol

un llaw wag a'r llall heb ddim – natur yr un crintachlyd

un peth yw addo, peth arall yw gwneud – fel un yn addo yn ei ddiod, ond heb wireddu'r addewid.

unwaith yn ddyn, dwywaith yn blentyn – h.y. yn yr ail blentyndod (S. *second childhood*).

unwaith yn y pedwar amser – hyd yn ddiweddar, roeddwn yn meddwl mai dywediad o'r ugeinfed ganrif oedd hwn, ond deuthum ar draws y cofnod canlynol mewn colofn ar newyddion dinas Bangor yn newyddiadur *Baner ac Amserau Cymru*, 15 Mehefin 1867: 'Unwaith yn y pedwar amser, fel y dywed yr hen air, bydd y newyddiaduron yn cael y gorchwyl o gofnodi tân ym Mangor ... '

W

wardio – ymochel, cysgodi, cuddio. 'Roedd y sgwarnog yn wardio mewn llwyn eithin.'

wedi ei fagu ar afalau surion – am berson blin a phiwis

wedi llyncu procer – am un anhyblyg a dim newid ar ei feddwl

wedi mynd i gladdu'i nain – h.y. wedi mynd ar sbri; wedi mynd ar ei derm. Mewn geiriau eraill, y mae wedi mynd i foddi'r gofid drwy yfed diodydd meddwol i liniaru ei boenau.

wemblan – 'roedd o yn mynd fel wemblan,' medd un wrthyf; h.y. roedd yn mynd yn gyflym dros ben (OALG).

Y

yn hongian fel giât mynydd – am ddrws adeilad neu gar a'i fachau wedi eu sigo ac yn rhygnu ar y llawr wrth geisio ei agor neu'i gau.

yn poeri a thagu – dyma a ddywedir am beiriant neu gerbyd yn bustachu mynd neu droi gyda sŵn grwgnachlyd yn dod ohono.

yn syth bin saeth bren – ar eich union

yn wên deg – rhyw gymryd arno fod popeth yn iawn, gwên ragrithiol (S. *plastic smile*).

yn werth y byd i gyd yn grwn – geiriau a ddywedir wrth blentyn bach pan mae'n dda ac ar ei ymddygiad gorau.

ysbruddach – digalon, prudd
ysgrifen traed brain – ysgrifen aflêr ac annealladwy
ystotyn – dyn byr; stotyn

Geiriau plant bach

Y mae gan blant y byd cyfan eu geiriau eu hunain, ac o feddwl am y peth, mae'n bosib bod rhai ohonynt yn rhyngwladol. Beth bynnag, dyma geisio mynd i fyd plant bach Cymru am funud – 'mami' a 'dadi' i ddechrau am eu rhieni. Byddai plant yn galw plentyn a fyddai wrth ffedog ei fam byth a hefyd yn 'babi swci mami'. Gyda llaw, ychydig iawn o Gymry Cymraeg sy'n defnyddio tada am dad y dyddiau hyn a 'mam-ma' am nain neu fam-gu. Defnyddir 'cyci' neu 'cici' am gysgu, 'ba-bach' am faban neu blentyn bach; 'dodo' am fodryb, 'popo' neu 'cael aw' am unrhyw beth sy'n achosi poen neu berygl; y gair am wy gan rai yw 'gog-og' a 'clwc-clwc' ydi'r iâr; 'soch-soch' ydi'r mochyn a 'gowci' ydi jac-dô neu frân. 'Bow-wow' ydi'r ci neu 'wff-wff', a 'pws / pwsi' ydi'r gath, wrth gwrs.

'Ych-a-bych' am unrhyw beth budr, a 'gac-cac' am faw pobl neu anifail, a 'bo-bo' neu 'bwci bo' ydi'r bwgan. 'O bach' am foethau neu faldodi – e.e. 'dyro o bach i'r ci'. Defnyddir 'bab-bab' am gar, bws a lori, a 'pwff-ffwff' am yr injan drên.

Pobl, cymeriadau, yr enwadau a ballu

Rydym fel Cymry yn hoff iawn o roi llysenwau ar bobl, sefydliadau, enwadau, ac ati. Ar adegau, cymharwn ambell berson ag un sydd wedi bod yn adnabyddus neu'n enwog yn ein gwlad. Yn aml iawn, byddai'r hen do yn cymharu rhai â chymeriadau'r Beibl, neu ryw gymeriad o gefn gwlad, efallai. Dyma un neu ddau a ddaw i'm cof:

Abram (Abraham) Wood – enw brenin y sipsiwn Cymreig. Maen nhw 'fel teulu Abram Wood' medd rhai am unrhyw deulu lluosog. 'Teulu Alabeina' meddai eraill. Roedd hithau yn un o gyff y Romani, hefyd.
Batus bara caws – glasenw ar y Bedyddwyr Albanaidd a fu'n enwad poblogaidd yn ein hardal am flynyddoedd. Ceir eglurhad am yr enw hwn gan y Parchedig David Williams, awdur y gyfrol *Cofiant J. R. Jones* (1913):

Synna llawer ein bod yn aros efo enwau gogamllyd fel y rhai hyn; ac yn sicr nid gorchwyl pleserus i mi ydyw myned ar ôl pethau chwiblnaws fel yr uchod; ond er hynny, odid na ofynna'r cywrain [sic] am eu hystyr. Atgoffwn y darllenydd am eiriau J. R. Jones yn ei 'Gyffes o Ffydd' lle dywed: "Yr ydym yn cadw cariad wledd, rhwng ein cyfarfodydd addoliad cyhoeddus; yr hyn sydd gynwysedig mewn pryd o fwyd gwledig a chymedrol." Yn fwyaf cyffredin tamed o fara ac ychydig o gaws, a ddygai ardalwyr parthau gwledig fel Llanfrothen a'r cyffiniau, gyda hwy ar achlysuron fel yr uchod. Manteisiodd y rhai a fynnent eu gwawdio ar arferiad y bobl hyn efo eu tamed lluniaeth, i osod llysenw arnynt, yr hwn a barhaodd yng ngenau'r gwirion ffôl am faith amser yng nghymdogaethau Ramoth, Harlech, Trawsfynydd a Ffestiniog. O'r gymdogaeth ddiweddaf y daeth yr enw i glybod yr ysgrifennydd y tro cyntaf erioed.

Batus y dŵr – sef y Bedyddwyr. Ceid hen rigymau pryfoclyd am y gwahanol enwadau ers talwm, megis:

Batus y dŵr
Yn meddwl yn siŵr,
Caiff neb fynd i'r nefoedd
Dim ond y nhw.

* * *

Annibynwyr, Annibynwyr
heb ddim synnwyr

* * *

Sentars sych o dan y gwrych
Yn canu cân i regan rych.

* * *

Methodistiaid creulon cas
Mynd i'r capel heb ddim gras
Gosod seti i'r bobol fawr
A gadael y tlodion ar y llawr

* * *

Wesla wyllt a'r hetia gwellt
Yn gyrru mellt a thranau

* * *

Hen eglwyswyr yn eitha sofft
Codi capel heb un llofft.

* * *

Began Ifs – enw pobl Arfon ar drigolion y Waunfawr, sir Gaernarfon. Yn ôl erthygl Dilwyn Gray-Williams 'Unlocking the Mystery of Y Beganifs' yn rhifyn 59 *Cylchgrawn Cymdeithas Hanes Teuluoedd Gwynedd* Hyd/Gaeaf, 2010, daw'r llysenw ar ôl un Margaret Evans (neu Megan / Began Ifan) a fu'n amlwg yn nyddiau cynnar achos Methodistaidd ardaloedd y Waun.

Besi Fingam – benyw yn edrych yn siomedig ac wedi cael cam gan rywun.

Deunaw Mil – hyd at yn gymharol ddiweddar cyfeirid yn aml at un yn hanu o Garndolbenmaen, Arfon, fel un o'r Deunaw Mil. Daeth ugeiniau lawer o ddynion y Garn i weithio yn chwareli llechi Blaenau Ffestiniog yn ystod dyddiau mawr y diwydiant llechi – ond dwn i ddim am ddeunaw mil, chwaith.

Dic Siôn Dafydd – un sy'n gwadu y gall siarad ei famiaith, sef y Gymraeg.

Doris Drwsgwl – enw a fenthycwyd o lyfr plant am unrhyw ferch afrosgo ei ffordd.

How gets – enw a roir ar bobl Bethesda, Arfon, gan rai. Dywed rhai mai math o ambarelo oedd 'how get' yn wreiddiol.

Huw tŷ teg – un â'i geg yn wastad yn agored fel petai'n ceisio dal pryfed.

Hwfa Môn – 'gwallt fel Hwfa Môn' am ddyn â gwallt hir, h.y. cyn dyddiau'r Beatles a'u tebyg.

Ismaeliad – llysenw ar rai o deuluoedd cyffiniau Llanllyfni, Arfon. Ceid lle o'r enw Twll Ismaeliad yn Chwarel Pen-y-bryn, Nantlle, ar un adeg.

Jeremia – un sy'n dipyn o besimist

Jeroboam – 'fel tŷ Jeroboam' a ddywedir am dŷ anhrefnus. Dylanwad y Beibl sydd ar hwn eto. Cawn ei hanes yn llyfr y Brenhinoedd: mab Nebat oedd Jeroboam a bu iddo ddwyn gwarth ar ei dŷ ac ar Israel.

Mari'r glep – un sy'n cario straeon a chlecs

Martha drafferthus – enw arall a fenthycwyd o'r Beibl am ferch sy'n llawn ffwdan a rhyw strach efo popeth. 'Ond Martha oedd drafferthus ynghylch llawer o wasanaeth' (Luc X:40). Hynny yw, poenai Martha am fwyd tra oedd ei chwaer, Mair, yn treulio amser yng nghwmni'r Iesu.

Meri Elin – dyn benywaidd ei natur

Now rywsut-rywsut – un yn gwisgo neu wneud popeth rhywsut-rywfodd. 'Y mae hwn fel Now rywsut-rywsut' – ar ôl cymeriad yn Stiniog gynt.

nyrs chwain – neu nyrs llau, sef y nyrs a fyddai yn archwilio pennau plant ysgol am lau pen, neu ryw ddrwg arall.

plusman plant – un a gyflogid i gadw golwg bod plant yn mynychu'r ysgol ac nid yn chwarae triwant. 'Plisman plant' a geir yn GPC. (S. *whipper in*).

Robin busnes – un busneslyd ei natur. Ar un adeg ceid cymeriad yn nhref Llanrwst a elwid wrth yr enw hwn ond un yn chwilio am fusnes neu ryw joban oedd ef. Darllener y gyfrol *Hen Dref y Cymeriadau Rhyfedd* (1989) wedi ei golygu gan Myrddin ap Dafydd.

Robin Jolly – cymeriad ffraeth a breswyliai ym Mlaenau Ffestiniog gynt. Ceir ychydig o'i hanes yn y gyfrol *Cymeriadau Stiniog* (2008). Clywir ambell un yn dweud wrth blentyn ymholgar hyd heddiw – 'paid â holi Robin Joli'.

Siân dunnell – unrhyw ddynes dew a throm iawn.

Siani bob man – gwraig sydd ymhob man ond ei chartref ei hun.

Shoni Hoi – enw ar un yn gweithio fel glöwr, yn enwedig ym mhyllau glo'r de (GPC).

Wil Bryan – un yn ymyrryd â phethau fel y cymeriad yng nghyfrol *Enoc Huws* gan Daniel Owen.

Wil dau hanner – dyn sy'n gwisgo dillad nad ydynt yn gweddu i'w gilydd o gwbl.

Wil talu eto – un sy'n addo talu, ond disgwyl am eich arian y byddwch chi gan hwn!

Rhifolion

Difyr yw'r defnydd o rai rhifolion mewn dywediadau:

0 **i'r dim / ymhen dim**
1 **yr un un** – sef yr un peth neu'r un person, neu'r unrhyw
2 **dim dwywaith amdani hi** – dim amheuaeth o gwbl
3 **tri throed trybedd** – gall olygu'r un mesuriad o'r naill fan i'r ddau arall, e.e. y pellter o Ffestiniog i'r Bala ac i Ddolgellau yw 18 milltir a dyna'r pellter o'r Bala i Ddolgellau, hefyd. Ystyr trybedd yw *tripod*.

4 **ar ei bedwar** – cerdded neu gropian ar y dwylo a'r traed

5 **wedi rhoi ei bump arnyn nhw** – yn aml iawn golyga gymryd rhywbeth â'ch bysedd neu ddwyn rhywbeth â'ch llaw.

6 **wedi wech** – h.y. wedi chwech. Yn ôl rhai, daw'r idiom hwn o ardaloedd pyllau glo de Cymru. Ar un adeg, nid oedd neb yn cael mynd i lawr i'r pwll i weithio ar ôl i'r corn neu'r hwter ganu am chwech y bore. Ymhen amser, daeth yn ddywediad cyffredin am unrhyw sefyllfa lle nad oes gobaith cyrraedd y nod neu lwyddo yn eich amcanion. 'Mae wedi wech arnot ti wrando ar y band heno, y mae'r mwyafrif o'r aelodau wedi dal y ffliw.'

7 **saith gwaith gwaeth** – 'mae hi'n saith gwaith gwaeth arnom ar ôl i hwn ddod i weithio yma!'

8 **yr hen wyth** – sef enw smala am yr hen glociau mawr wyth niwrnod.

9 **ar y naw** – un a chymeriad anarferol; 'un ar y naw ydi hi'. Yn ôl rhai, naw radd nef yw ei darddiad, sef y graddau y dosberthid iddynt y bodau nefol yn yr Oesoedd Canol.

10 **deg ewin** – wrthi ei orau glas. 'Mi fu wrthi a'i ddeng ewin yn wir.'

11 **un ar ddeg** – yr unfed awr ar ddeg. 'Ni chlywsom ddim hyd yr unfed awr ar ddeg.'

12 **deuddeg** – taro deuddeg. 'Mae'r gân hon yn taro deuddeg', h.y. yn hollol iawn.

Dyddiau'r Wythnos

Yn yr adran hon ceir ychydig enghreifftiau o ddyddiau arbennig yn ystod wythnosau Cymru fu, yn ogystal â'r Gymru bresennol:

Dydd Llun Cryddion – dyna a elwir dydd Llun pan na wneir rhyw lawer o waith. Dyma beth ddywed W. Gilbert Williams amdano yn y bennod 'Hen Ddiwydiannau Ardal Rhostryfan' yn ei gyfrol *Moel Tryfan i'r Traeth* (1983):

> Yr oedd llawer o gryddion ymhob ardal. Ychydig llai na chan mlynedd yn ôl, codwyd gweithdy cryddion yn Nhan'rallt, ac ar un adeg bu cymaint â deuddeg o gryddion yn gweithio yno. Byddai'n rhaid i bawb fyddai'n gofyn am esgidiau roi mesur ei droed, ac yna gwneid pâr o esgidiau cryf a hardd iddo. Yr oedd sôn am esgidiau Tan'rallt o

Lanberis i Lanaelhaearn, a byddai cryddion yn brysur yn gwneuthur esgidiau i bobl y gwahanol ardaloedd. Yr oedd y cryddion yn ddynion medrus iawn, ac yn dyfod o'u dechreuad o sir Fôn lle'r oedd gweithydd esgidiau enwog iawn. Ychydig a weithiai y cryddion ar ddydd Llun, a gelwir ambell ddiwrnod go ddi-waith yn 'ddydd Llun cryddion' hyd heddiw.

Dydd Llun Pawb – clywid yr ymadrodd hwn yn gyffredin yn ardaloedd Rhosllannerchrugog a Wrecsam ers talwm. Dyma beth ddywed un gohebydd papur newydd ar 22 Ebrill 1898 yn y *Llangollen Advertiser*:

Gelwir un dydd Llun yn ystod ffair y Gwanwyn yng Ngwrecsam yn 'Ddydd Llun Pawb'. Byddai mwy o lawer yn myned yno o bob cyfeiriad yn y blynyddoedd o'r blaen nag sydd yn y blynyddau presennol. Y mae yn arferiad gan Ysgol Sul Methodistiaid Calfinaidd Tainant gynnal cwrdd te a chyfarfod llenyddol ar Ddydd Llun Pawb, er mwyn cadw yr ieuenctyd o'r ffair.

Credaf ei fod yn weddol gyffredin mewn mannau eraill hefyd hyd yn ddiweddar. Tueddai rhai alw dydd Llun gŵyl y banc wrth yr enw hwn.

Dydd Mawrth crempog – sef dydd Mawrth Ynyd. Bydd yr hen rigwm canlynol yn gyfarwydd i lawer:

Os gwelwch chi'n dda ga' i grempog,
Os nad oes menyn yn y tŷ
Ga' i lwyad fawr o driog.
Mae Mam rhy dlawd i brynu blawd
A Nhad rhy ddiog i weithio.

Dydd Mercher y lludw – y Mercher sydd yn dilyn dydd Mawrth Ynyd.

Dydd Iau Dyrchafael – un o wyliau'r eglwys wladol a elwir hefyd yn ddydd Iau Cablyd. Syrthia ar ddydd Iau 40 niwrnod ar ôl Sul y Pasg. Cyfrifid hwn yn ddydd anlwcus iawn i weithio arno yn ôl rhai o hen chwarelwyr Arfon. Dyma bwt amdano o bapur newydd *Y Dydd*, 14 Mehefin 1878 dan y pennawd 'Chwarelwyr Cymreig – a dydd Iau Dyrchafael':

Mae dydd Iau Dyrchafael yn cael ei gadw yn ddydd gŵyl gan chwarelwyr Penrhyn a Bethesda, nid fel dangosiad o deimlad parchus at y diwrnod, ond rhyw fath o hen ofergoeledd sydd wedi ei gario ymlaen am lawer o flynyddoedd. Os bydd iddynt weithio, y canlyniad o hynny fydd i ddamwain gymeryd lle. Ychydig flynyddoedd yn ôl, llwyddodd y stiwardiaid i gael ganddynt dorri drwy hyn, a'r canlyniad hynod oedd bod damweiniau yn cymryd lle bob blwyddyn.

Dydd Gwener du – dydd Gwener y 13eg. I'r rhai ofergoelus, y mae'n ddiwrnod i aros yn y gwely trwy'r dydd. Fel yr uchod, cyfrifid dydd Gwener y Groglith yn ddiwrnod anlwcus i weithio yn y chwarel gynt. Bu damwain angheuol yn Chwarel Glyn Rhonwy, Llanberis, ar y diwrnod hwn, sef ar 1 Ebrill 1836 pryd y lladdwyd dau weithiwr. Un ohonynt oedd Samuel Roberts a gladdwyd ym mynwent Eglwys Llanrug a'r llall oedd John Davies, Clegir, a roddwyd i orwedd ym mynwent Eglwys Llanberis. Ceir yr englyn canlynol ar garreg fedd y ddau:

Craig fawr ddaeth i lawr; er trom loes –arnaf
    Ddiwrnod diwedd f'einioes,
  Dyna fu'n terfynu f'oes
  O! mae oriau fy merroes.

Dywedir na fu gweithio yno ar ddydd Gwener y Groglith fyth er y diwrnod prudd hwnnw.

Dydd Sadwrn pwt – enw arall ar 'ddydd Sadwrn pen cyfri' pan delid cyflogau gogylch canol dydd Sadwrn mewn sawl ardal lawer blwyddyn yn ôl.

Dydd Sul byr bach – sef y Sul olaf cyn y Nadolig ac un byrraf ei olau dydd yn ystod y flwyddyn.

Dydd Sul pys – dyma'r enw a glywid gan y werin am ddydd Sul y Gwrychon, sef y pumed Sul yn y Grawys. Dywedir bod pys yn chwarae rhan amlwg ym mwyd pobl yng nghyfnod ympryd y Grawys ac yn arbennig ar y pumed Sul a oedd yn hirddisgwyliedig i'r bobl a ymprydiai. Roedd y Sul hwn yn teimlo'n bell iawn, a dyna, medden nhw, sut y cafwyd y dywediad 'byddwn yma tan ddydd Sul pys'.

O'r corun i'r sawdl

Yn dilyn ceir amrywiaeth o eiriau llafar gwlad am rannau o'r corff:

bacha' bara – bysedd a bawd

biji-bo – rhan breifat benyw

bodyn cranc – bawd a bys sy'n rhoi pinsiad i chi

bysedd chwarae piano – bysedd main, hir

ceg fel hofal drol – am geg fawr

cleg – y corn gwddw, neu'r corn glac (sir Ddinbych)

clustiau fel mul – mae hwn yn hunanesboniadol

clustiau mwnci – clustiau tebyg i'r anifail. Gweler y bennod **Byd Natur**, t. 60

coesau fel pricia dafedd – coesau hir a thenau

dwylo fel rhawiau – dwylo mawr

dwy lygaid ar yr un llinyn – disgrifiad o un â llygad croes ganddi/ganddo.

gwallt fel pricia' pys – gwallt fel petai'n ymwthio i fyny o'r pen

gwyneb – dyna a glywir ar lafar gennym amlaf yn hytrach nag wyneb, e.e. 'gwyneb asiffeta': wyneb sur fel tasa un newydd lyncu llwyaid o asiffeta, sef y ffisig ofnadwy hwnnw, *asafoetida*. Dyma hen rigwm y byddai'r plant yn ei lafarganu am un nad oeddynt yn eu hoffi:

> Gwyneb asiffeta,
> Gwddw potel sôs,
> Bol o bapur sidan
> A choesau robin goch.

gwyneb fel bwch – wyneb anserchus

gwyneb mis pump – wyneb hir. Dywediad o'r chwarel yw hwn, o'r cyfnod cynnar pan fyddai'n rhaid i'r gweithwyr aros pum wythnos cyn cael eu cyflog misol ar un adeg o'r flwyddyn.

hopran – enw wedi ei fenthyg o dermau'r felin ŷd am y geg. 'Mae'n lledu ei hopran.' 'Cau dy hen hopran y swnyn.' (S. *hopper* + bachigyn '-an')

lôn goch – y corn gwddw; y corn glac

llygaid cochion – llygaid coch fel pennog

llygad fel to jin – llygaid mawr fel marblis (gweler y bennod **Difyrrwch a Hamdden**, t. 40).

llygaid pennog – llygaid cochion, fel rhai'r pysgodyn

napar – y pen. Un o eiriau'r Cofi (tref Caernarfon)

ogof fawr – enw smala am y geg. 'Cau'r hen ogof fawr 'na am funud.'

pegla – enw digri am y traed. 'Dos â dy begla odd' ar ffordd.'

siani winten – rhan breifat y ferch (ardal Uwchaled)

traed chwaden – traed hwyaden; traed fflat

traed chwarter i dri – un a'i draed ar led fel yr amser a nodir

traed fel Elis Fawr Maentwrog – am un â thraed mawr. Dywediad a
   glywais gan y ddiweddar Rhiain y Ddôl, Tanygrisiau. Clywir 'traed fel
   llongau hwylia' hefyd.

trwyn fel bawd crydd dall – trwyn a chwydd ar ei ran flaenaf. Mae'r
   dywediad hwn i'w gael yn y Saesneg hefyd: *blind cobbler's thumb*.

trwyn potiwr – trwyn coch, ac yn dyllog fel rheol, ar berson sydd yn hoff o
   botio cwrw; neu un wedi yfed diodydd meddwol am flynyddoedd.

Ymhle ddywedsoch chi?

Casgliad o lasenwau ar sefydliadau, adeiladau, a phob math o leoedd sydd yn
yr adran hon.

cae pawb – rhandir neu alotment (Eifionydd)

cae sgwâr – y gwely. 'Mae hi'n amser iti fynd i'r cae sgwâr 'na, pwt.'

cae swêj – ar adegau cyfeirir at un sydd heb amgyffred y sefyllfa neu ddilyn
   y sgwrs yn iawn fel hyn: 'Y mae hwn yn y cae swêj a ninnau yn y cae
   tatws.'

capel deryn bach – capel maharen, h.y. yr awyr agored. 'Mae wedi mynd
   i gapel deryn bach yn hytrach nag i'r oedfa.'

cartre'r glaw – enw cellweirus am Flaenau Ffestiniog

castell y gleb – tŷ lle mae merched yn hel i glebran

cwt poeth – cwt neu adeilad pwrpasol ar gyfer sychu dillad gweithwyr ar ôl
   iddynt gerdded drwy dywydd gwlyb i gyrraedd eu gweithle. Bûm yn
   defnyddio'r un yn Chwarel Llechwedd, Blaenau Ffestiniog lawer
   blwyddyn yn ôl.

cwt saim – enw sarhaus am dŷ bwyta neu gaffi lle ceir prydau seimlyd (S.
   greasy spoon) (OALG).

eglwys dun – glasenw gynt ar Eglwys St Ioan yn Nhanygrisiau. Adeilad o
   goed a haearn rhychiog neu 'sinc' ydoedd (OALG). Ceir 'tin Tbernacles' yn
   y de hefyd.

Gwlad y Bryniau – Cymru

Gwlad y Menyg Gwynion – Cymru. Mewn achosion llys cyflwynid pâr o fenyg gwynion i farnwr y Sesiwn Fawr.

Gwlad y Medra – Ynys Môn / sir Fôn

gwlad y niwl a'r glaw tragwyddol – enw a roddwyd ar y Gloddfa Ganol, sef rhan o hen Chwarel Oakeley, Blaenau Ffestiniog, gan y bardd Bryfdir.

gwaith jam – glasenw pobl Stiniog am welyau carthffosiaeth yng Nghwm Bywydd.

gwaith powdwr – gwaith ffrwydron cwmni Cookes gynt ym Mhenrhyndeudraeth.

gwesty gwirion – term dilornus am ysbyty meddwl neu seilam.

Llanbidinodyn – rhyw le dychmygol. Atebiad i blentyn sydd yn holi a stilio'n ddi-ben-draw ymhle y mae rhywun neu'i gilydd:

> Mae wedi mynd i Lanbidinodyn
> I weld cŵn yn gwneud menyn.

Un arall yw:

> Dos i Lanbidinodyn
> Lle mae'r defaid yn chwerthin.

llety'r glem – y tloty neu'r wyrcws

lloches llygod a'r llau – unrhyw le budr ac afiach

Lloegr Siôn Cwm Orthin – tref Rhuthun, sir Ddinbych. Un o gymeriadau plwyf Ffestiniog yn y dyddiau gynt oedd Siôn Cwm Orthin. Trigai yn ffermdy Cwm Orthin Uchaf uwchlaw Tanygrisiau. Y mae sawl stori wedi ei chofnodi amdano yn y gyfrol *Hen Ŷd y Wlad* (1911) gan J. Lloyd Jones, 'Llyfrbryf Meirion'.

llong fawr – llong y plant drwg, sef y *Clio* a fyddai wedi ei hangori ar lan y Fenai yn y dyddiau gynt. Byddai sôn am eich anfon i'r llong fawr yn ddigon i sobri'r mwyafrif o blant a fyddai'n camymddwyn ers talwm.

palas pawb – adeilad lle byddai cardotwyr a chrwydriaid yn aros tros dro. 'Castell y gwiblu' yn GPC.

pentan uffern – unrhyw le drwg, boed yn weithle anghynnes neu ryw fan arall.

seiat y gwatwarwyr – cynulliad y dafarn neu'r tŷ potes

stryd y glep – stryd lle ceir rhai yn hel clecs a hanesion pobl

swyddfa lladron – dyna oedd enw un gŵr o Flaenau Ffestiniog am swyddfa treth incwm Porthmadog, 'Yr England Revenue' chwedl Ifas y Tryc.

tafarn datws – siop bysgod a sglodion. Credaf mai Gwilym Deudraeth luniodd y canlynol i'r lle:

> Roedd mat y dafarn datws
> Yn warth i drefn wrth y drws.

tafarn gacen – tŷ neu fwthyn cyffredin a fyddai'n gwerthu diodydd ar ddyddiau ffair yn y dyddiau a fu. Ceisid osgoi gwneud cais am drwydded i werthu diod gadarn drwy i'r cwsmer brynu teisen a chael y ddiod yn sgil hynny.

tŷ golchi – golchdy, lle golchi dillad. Ceir bwyty o'r enw wrth gylchdro y Faenol ger Bangor.

tŷ mawr tros y mynydd – y gwallgofdy yn Ninbych gynt (Stiniog a'r cyffiniau).

tŷ mellt – gorsaf bŵer, pwerdy, yn enwedig y rhai a ddyddiai o ddechrau'r ugeinfed ganrif.

tŷ popty – popty neu fecws. Dyma bwt o gyfeiriad at un o *Baner ac Amserau Cymru*, 5 Mai 1894 o dan y pennawd 'Gwreichion Dinbych':

> Un o'r pethau mwyaf gwrthun yn ein tref ydyw clywed Cymry glan gloyw yn siarad Saesneg, a hynny ar yr aelwyd, yn yr addoldai, ac hyd yn oed y tŷ pobty.

Ceid sawl lle â'r enw hwn arnynt gynt. Gweler y bennod **Enwau Lleoedd**, t. 101

tŷ potel inc – tŷ ar ffurf yr hen boteli inc gyda'r corn simnai yn y canol. Cyfeirir at un enghraifft yn y gyfrol *Gwlad Llŷn* (1968) gan y diweddar Ioan Mai, t.13:

> Daethom i'r ffordd fawr gyferbyn ag adfail o dŷ a elwid yn Tŷ Potel Inc – tŷ bach del a simdde ar ei ganol yn union fel gwddf potel inc.

Yr hen Fritish Columbia – un o enwau doniol John Price y crwydryn am y bedd. 'Mae 'na sôn bod Robin bach wedi mynd i'r hen Fritish Columbia.'

Un o dai potel inc Cymru

Pennod 2

Bwyd a diod

asgwrn tynnu – (S. *wishbone*)

asgwrn y bwmbel – asgwrn clun mochyn a chig ham arno (Canolbarth).

bara llaeth wedi ei grasu – bara llaeth wedi ei osod yn y popty i gael ei dewychu, yn hytrach na chael ei fwyta ar ei union fel bara llaeth arferol.

bara menyn pregethwr – tafellau tenau o fara menyn

bîff Cricieth – enw ysmala am y pysgodyn macrell

bîff Nefyn – pennog/penwaig

bîff teiliwr – jam. Fy nhaid, tad fy mam, a fyddai yn ei alw wrth yr enw hwn.

botwm gwyn – math o dda-da mint (S. *mint imperial*)

brecwast ceiliog chwadan – paned o de sydyn a brechdan frysiog yn ôl rhai; diod o ddŵr oer a chusan – a mwy – yn ôl eraill.

brecwast milgi – braslyncu'r borefwyd pan fyddid ar frys

brechdan bara-bara – brechdan heb ddim arni

brechdan grasu – tafell o fara wedi ei chrasu (S. *toast*). Bu llythyru am yr enw hwn yn yr *Herald Cymraeg* yn ystod mis Chwefror 2006. 'Brachdan grasu' oedd yr enw amdani yn Rhosllannerchrugog.

brechdan fel gwadan arad – am frechdan dew. Hefyd, 'brechdan fel carreg y drws'.

brechdan nain – tafell denau o fara gyda thrwch o fenyn arni

bwyd caneri – rhyw fymryn o fwyd

bwyta sothach – bwyta bwyd sydyn, sef *junk food*

cacen ffenest – teisen Battenberg

cacen gŷn a mwrthwl – teisen siocled galed a geid yn bwdin yn yr ysgol. Bedyddiwyd hi wrth yr enw doniol hwn gan ryw wag ifanc (S. *chocolate crunch*).

cinio diwrnod golchi – cinio dydd Llun, fel rheol, pan oedd hi'n ddiwrnod golchi yn gyffredinol ers talwm. Defnyddid gweddillion cinio dydd Sul i wneud pryd bwyd i'r teulu.

cledde'r god – cig mochyn o'r asennau.

clenc – bara neu dorth wedi sychu'n galed. 'Mae'r dorth 'ma yn un glenc.'

crystyn cyrliog – darn crystiog o dorth wedi ei grasu yn yr hen dai pobty.

Dywed J. Arthur Williams, Corris yn ei gyfrol *Trem yn ôl* (1963) mai'r toes a oedd wedi codi tros ochr y tun ac wedi cwympo yn y ffwrn wrth dynnu'r torthau allan oedd crystyn cyrliog.

cwgen – torth fach (Ceredigion a sir Gaerfyrddin)

cwrw melyn bach – nid cwrw mewn gwirionedd, ond chwisgi, fel rheol.

chwenc – blas cryf, neu flas sur ar rywbeth; smacht (S. *tang*). 'Mae rhyw chwenc ar y menyn 'ma.'

da-da llygad llo – math o felysion mawr crwn (math o *humbugs* crwn).

da-da baw llygod – neu 'da-da cachu llygod'. Melysion bach efo licoris yn eu canol.

da-da sgethwrs (pregethwyr) – da-da mint a fwytid yn y capel (S. *mint imperials*).

dail y bendro – hopys (S. *hops*)

ffest y cybydd – tafelli o gig moch wedi eu coginio ar ben tatws mewn sosban.

ffisig coch – un o'r glasenwau am gwrw

ffisig John Jones (Glanyrafon, Llangwm) – dŵr oer

ffisig nos Sadwrn – llysenw am y ddiod gadarn; cwrw neu wirod

glain cefn – y cig a'r asgwrn oddi ar gefn mochyn

gwledd Siôn Cnap – caws pob neu *Welsh rarebit* (Nantgarw)

gwin y gwan – y ddiod *Guiness*, sef cwrw tywyll Iwerddon

gwin yr hen Gymry – dŵr oer o'r ffynnon

gwyneb y dorth – sef wyneb torth. 'Torra dau wyneb y dorth imi' – h.y. torra ddwy dafell o fara.

losin coch – math o dda-da neu felysyn coch

llaeth mwnci – enw cellweirus am y ddiod feddwol

llap y dwndwr – hen lasenw ar de

minciag – da-da, fferen, losin, melysyn

mint byddigions – math o fintys (S. *bowland mint*)

posel driog – berwi llaeth neu lefrith, rhoi triagl ynddo, ac yna ei ferwi eilwaith a'i hidlo i lestr.

potes penradell – toes wedi ei wneud o flawd haidd, halen a dŵr. Ei roddi mewn dŵr berwedig a'i ferwi ar y tân nes y bydd fel pwdin (Ynys Enlli).

sbanish coch – licoris coch

siencyn esmwyth – bara wedi ei fwydo mewn dŵr efo menyn, siwgwr a nytmeg.

siwgwr clap – siwgwr lwmp

slot – diod neu de gwan, rhywbeth gwael fel cawl di-flas

strotyn – te ar ben bara menyn (Môn)

swc – llefrith yn gymysg a dŵr poeth neu ddŵr cynnes a bara ynddo
weithiau.

tatws cochion Morfa Bychan – tyfid hwy mewn pridd a thywod yn ardal
Morfa Bychan gerllaw Porthmadog a bu mynd mawr arnynt am
flynyddoedd yn y cymdogaethau cyfagos.

tatws Gwyddel – tatws wedi eu ffrio mewn dŵr a menyn neu ddŵr a saim.

tatw môr – yn wreiddiol, tatws a olchwyd i'r lan ar un o draethau penrhyn
Llŷn ar ôl rhyw longddrylliad. Plannwyd rhai gan drigolion yr arfordir, a
chafwyd cnwd da ohonynt ac o ganlyniad, daethant yn boblogaidd gan
lawer o bobl Llŷn.

te – ceir sawl dywediad am gryfder te, e.e. 'te fel troed stôl' – neu 'fel coes
picwarch' am de cryf; 'te llongwr' oedd te wedi sefyll yn hir. Pa fodd
bynnag, 'te fel dŵr bargod' a ddywedir am de gwan a braidd yn oer. 'Te fel piso cath/piso dryw bach' neu 'fel gola' lleuad' neu 'fel tasa wedi gweld plisman' a glywir am de gwan. Un arall yw 'bydd yn rhaid iti aros ar dy draed dros nos efo hi' gan ei bod hi mor wan! Neu fel y dywedodd un hen wag, 'roedd hi'n rhy wan i ddod allan o'r gwpan'.

te coch – te heb lefrith ynddo. Dyna sy'n gywir ac nid te du!

te loeswr – te wedi ei wneud ar frys gan labrwyr y chwarel a chyn i'r dŵr ferwi yn iawn fel bod y dail yn nofio ar yr wyneb (chwareli llechi Arfon).

te pendalar – te allan yn y cae; rhyw fath o bicnic wrth weithio yn y cynhaeaf.

te tramp – rhoi dail te yn rhydd mewn cwpan neu fŵg a dŵr poeth trostynt.

O bapur newydd Y Sylwedydd, *1907*

34

Pennod 3
Dillad a gwisg

bwtshias/bwtshias glaw – (S. *wellington boots*)

cadach gwddw – math o grafat

cansi ffroc – math o jersi (ardal Ceinewydd)

cap bwji – cap pig tebyg i'r rhai a wisgir gan chwaraewyr pêl fas

cap clustiau – math o gap sy'n gorchuddio'r clustiau

cap gweu – cap wedi ei weu; cap pompom

cap Sgotyn – (S. *tam o' shanter*)

dillad oel – siwt oel ar gyfer gweithio mewn gwlybaniaeth (S. *oilskins*)

esgid bugail – esgid hoelion gyda'r rhan flaen neu'r swch yn troi i fyny (Canolbarth).

ffadrau – esgidiau gwael ar gyfer gwaith trwm a lleoedd gwlyb dan draed (Penllyn).

ffedog fras – ffedog wedi ei gwneud o hen sach neu ddeunydd tebyg

gansi morwr – math o jersi wydn a wisgid gan forwyr gynt (S. *Guernsey jumper*).

het bot blodau – het sy'n debyg i bot blodau a wisgir geg i lawr ar ben person.

hat gopa dal – yr hen het Gymreig (sir Gaerfyrddin). Dyma enwau eraill am yr un het a chantel mawr arni: het bot llaeth, het gorn simnai, het gorun hir:

> A'r hen het â'r corryn hir
> Gan Walia deg anwylir.
>
> > Gwilym Deudraeth

het gorun uchel – fel yr uchod

het glaw mawr – sef y S. *sou'wester*

het mynd-a-dod – sef het yr heliwr (S. *deerstalker hat*)

het olwyn trol – yr hen het Gymreig gyda chantel mawr

llaesodra(u) – enw a glywais yn y chwarel am legins (S. *leggings*)

sanau morwr – hosanau llongwr, sef rhai gwyn trwchus a hir, fel rheol.

siercyn gwlanen – fest wlanen heb lewys arni ac yn cyrraedd at y glun.
siôl ffilt – math o siôl hen ffasiwn (S. *Paisley shawl*)
tysan – twll mewn hosan a chroen y troed yn ymddangos drwyddo.

O gylch y cartref

Y mae llawer o eiriau a ddefnyddid o gylch y cartref gan yr hen Gymry bron â mynd yn angof llwyr gan yr oes bresennol. Dyma dynnu sylw at rai ohonynt:

clwyd baban – math o ffrâm sy'n rhwystr i blant bach fynd ar y grisiau. Gydag ambell un gellid ei symud o ben y grisiau a'i gosod ar waelod y grisiau i'r un diben.

corn tân – gweler y bennod **Hen Bethau**, t. 92

cwrlid rags – cwrlid wedi ei wneud â gwahanol garpiau (S. *patchwork quilt*) Ardaloedd y Rhondda.

cwrlid pwythog – cwilt Cymreig neu'r *Welsh Quilt* (ardal Nantgarw a'r Rhondda).

cwpwrdd bara caws – cwpwrdd bwyd Cymreig wedi ei wneud o dderw gan amlaf. Sylwais fod un enghraifft ar werth yng nghatalog arwerthiant Chwarel Dorothea, Dyffryn Nantlle yn 1970. Roedd y disgrifiadau i gyd yn Saesneg ar wahân i'r uchod.

cwpwrdd menyn – yn ewyllys Elen Roberts, Braich Dinas, Penmorfa, yn y flwyddyn 1768, ceir cyfeiriad at un 'cwpwrdd ymenyn' gwerth dau swllt.

dic y daliwr – teclyn i fachu wrth y grât i ddal tebot (Fflint). Ceir 'jac y daliwr' am yr un peth yn rhai o ardaloedd sir Ddinbych.

diogyn – math o resel i ddal bara ceirch

jac (y) mwg – dyfais fel gard ar ben gratiau hen ffasiwn i rwystro mwg taro ddod i lawr i'r gegin.

Morgan – enw smala ar y tegell. Dyma hen bennill amdano o waith Dewi Cynfal:

> Does neb yn y byd, na gwirion na doeth,
> All ganu fel Morgan a'i waelod mor boeth,
> Mae'i liw cyn dded â siaced y frân
> Pan beidia a chanu fe boera i'r tân.

Siani ffiar – rhaw dân, siefl dân

Sioni lonydd – credaf mai math o drybedd oedd hwn, o bosib ar gyfer dal rhyw declyn fel tegell neu gannwyll.

Siôn segur – teclyn i ddal cannwyll wêr

tân oer – sef papurach a phriciau wedi eu paratoi yn y grât ar gyfer cynnau'r tân.

wil beili – math o declyn i ddal tebot wrth y tân (gweler llun isod)

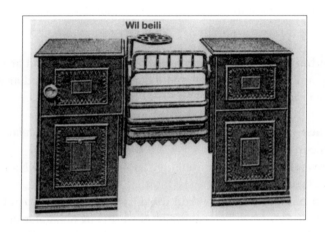

Wil beili

y ddwyfraich – yr hen gadair freichiau bren fawr lle eisteddai'r penteulu fel rheol.

y ford drithroed – bwrdd crwn tair coes

Yr Adeiladwaith

carreg adain / cerrig adain – cerrig wedi eu gosod ar dalmaen adeilad yn rhedeg o grib y to at y bondo er mwyn diogelu'r cerrig to neu'r llechi rhag gwyntoedd cryfion (gweler y llun o garreg adain Eglwys Llanfrothen).

carreg dabl / dabal – enw arall ar garreg adain

carreg bioden – carreg wedi ei gosod o'r corn simnai uwchlaw crib y to.

corn simnai croes – fel rheol corn simnai wedi ei adeiladu ar groes gongl talcen tŷ yw hwn a dyddia y mwyafrif o'r rhai gwreiddiol o'r ail ganrif ar bymtheg. Ceir enghreifftiau hwnt ac yma yng Nghymru a Lloegr. Y mae tŷ John Iorc ym Methesda yn un ohonynt.

carreg ddiddos – carreg wedi ei gosod ar waelod cyrn simnai ac ychydig uwchlaw crib y tŷ neu'r bwthyn. Fel rheol, ceir mwy nag un.

chwrnas – potyn tro ar gorn simnai

grisiau brain – y stepiau sydd ar dalmaen tŷ yn null y *Dutch gable*. Hefyd, cyfeiria rhai at gerrig diddos fel 'grisiau jac doeau'.

hat / het – cerrig wedi eu rhoi mewn cylch ar ben corn simnai

sburlas / sbwrlas – trawst dan do adeilad

to dalus – to tŷ sy'n gallu gwrthsefyll stormydd garw

taeriad – côt o blastr ar do neu wal (S. *render*)

tolyn – peg crwn a ddefnyddid gynt i gysylltu dau bren fel cyplau adeilad

trafes do – math o ffenestr do gyntefig

wawr do – math o astell dywydd (S. *barge-board*)

Carreg adain

Pennod 5
Difyrrwch a hamdden

Yn y bennod hon, hoffwn ddechrau wrth fy nhraed, fel petai, a dweud gair neu ddau am ddifyrrwch a rhai o hen chwaraeon plant. Wrth gwrs, cofnodwyd peth mwdrel o'r rhain mewn ysgrifau a chyfrolau gan yr arbenigwr ar lên gwerin a chwaraeon plant, Tecwyn Vaughan Jones – yntau yn un o fechgyn Stiniog, fel finnau.

'Ali', 'ambydanodd' a 'neclo / niclo' – ceid llawer o eiriau yn ein gemau marblis ers talwm. Dyma rai a ddefnyddid gan yr hogiau o un pen o'r wlad i'r llall. Ceid enwau difyr ar wahanol fathau o farblis megis 'ali bert', 'ali bop', 'ali las' (De), 'togo' yng Nghaernarfon a'r cylch, 'to jin' neu 'tor jin' yn ôl rhai o hogiau Stiniog, ac yn ardal Porthmadog 'to jinj'. Yn ddiau, marblis wedi eu cael o wddw potel *ginger bee*r oedd y rhain yn wreiddiol, ond rhywdro yn ystod hanner cyntaf yr ugeinfed ganrif, aeth i olygu marblen fawr. Hefyd ceid 'to pedair' (Bala) a 'to tjieni' a 'to embyd' (Caernarfon) a 'to wali'. Noda William Phillips yn ei gasgliad o ddywediadau llafar gwlad Rhosllannerchrugog (Llsgr. 15260D-LLGC) y byddid weithiau yn chwarae 'am byth', sef chwarae a chadw'r enillion, neu chwarae 'am bydanodd', sef rhoddi'r enillion yn ôl, y naill i'r llall. Rhyw chwarae cyfeillgar, felly.

Mewn ysgrif ar 'Hen Draddodiadau a Hen Gymeriadau' yn *Y Seren* yn y 1950au cyfeiria Peryddon, yr awdur, at chwarae marblis yn y Bala oddeutu dechrau'r ugeinfed ganrif:

> Dwn i ddim beth sydd wedi achosi y cyfnewid mawr sydd yn chwarae plant heddiw ragor oedd hanner can mlynedd yn ôl. Eu dull o chwarae hyd yn oed marblis yn wahanol. Neclo fyddem ni, gwneud cylch crwn gyda pensel galch, adeiladu rhyw Dŵr Babel gyda'r marblis ar ganol y cylch a neclo gyda marblen fawr, a alwem yn 'Do16'. Y fath firi, camu rhyw 2 lath oddi wrth y cylch a dodi llinell wen yn y fan honno i bob un sefyll gyda'i do a'i neclar a nifer o edrychwyr yn gwylio'r anelu.

'Siorsyn y Ffatri' yn niclo oddi ar ei ben-glin o gyfrol
D. Delta Evans, Siorsyn y Ffatri

Mewn ysgrif arall o dan y pennawd 'Atgo' ym mhapur newydd *Y Seren*, 28 Mai 1955, y mae Peryddon yn cofio'r adeg pan oedd ef yn fachgen yn chwarae'r gêm:

> Byddai cefn y Barics yn Hunting Ground i blant y Bala pan ddeuai adeg chwarae marbles yn y Gwanwyn. Pan byddem yn sicr nad oedd Robert Meredyth ar gael – yno y byddem yn casglu Toiau gwydr oedd yn y poteli; a galwent hwy yn Doiau Peder. Pa sawl esgid a ddrylliwyd, a pha sawl bys a dorrwyd yn y Domen Boteli wrth gasglu y rhain. Ond, er y dryllio i gyd, yr oeddynt yn werth y drafferth pe ond am yr hwyl a gaem wrth neclo atynt.

Byddai'r rheolau canlynol gan rai yn y gêm: bara sỳm = dim symud, bara cics = dim tro, bara docyn = sef dim symud rhwystr o gwbl, a glywid yn sir Gaernarfon. Dyma rai eraill o sir Forgannwg: mês = yr hawl i niclo gyntaf oddi ar y cylch, ffwlco = torri rheol trwy fwrw llaw ymlaen tros y cylch. Os byddai carreg neu bridd ar ffordd y farblen gallai'r niclwr alw 'popeth' er mwyn symud y rhwystr ond os galwai'r gwrthwynebwr 'bar dim byd' cyn hynny, ni chaniateid iddo'i symud.

cneuen goblo – cneuen marchgastan; concer

cocyn ceiliog – cael eich cario ar ysgwyddau person gyda'r coesau dros ddwy ysgwydd y cariwr a'ch dwylo am ei dalcen, ac yntau yn gafael yn dynn am eich coesau (gweler 'pas-ar-gefn').

coes fach – yn yr ysgol ers talwm byddai rhai o'r hogiau hynaf yn pigo ar y rhai ieuengaf ac yn rhoi 'cic penyglin' iddynt yn eu clun nes y byddai'r trueiniaid yn syrthio yn fflemp ac yna yn hencian ogylch cowt yr ysgol. Hen arfer brwnt (S. *dead leg*).

dara-dara – dyma a ddefnyddid gennym ni'r hogiau yn ardal Rhiwbryfdir, Blaenau Ffestiniog, pan fyddid yn chwarae cowbois ac yn saethu o wn, ac nid 'bang bang'.

gamsi – cert pedair olwyn i'r plant chwarae arno

gwaith corcyn – gweu gyda rîl i ddifyrru'r plant (S. *French knitting/Scotch knitting*).

jac-an-êl – y gêm o daflu cerrig at duniau a photeli wedi eu gosod ar ben wal (Dolwyddelan).

Owain Goch – dyma un o'r hen ffurfiau dethol a dewis gan y plant yn ôl Ceiriog. Heddiw, tueddir i ddefnyddio *In pin, safety pin* yn y Saesneg:

> Owain Goch – o dan – y castell
> brynodd imi bais a mantell,
> Bys coch – bys cam – bys mwyn – bys mam
> > Bys y cogwrn allan.

pas ar gefn – cael eich cario ar gefn person neu anifail. Y mae plant bach yr oes bresennol, fel y rhai yr oesoedd gynt, yn hoff o gael pas ar gefn. Gosodir y breichiau a'r dwylo o amgylch gwddw'r cariwr a'r coesau o dan ei geseiliau. Y mae'n wahanol i'r 'cocyn ceiliog' a ddisgrifiwyd uchod.

pistol 'sgawen – gwn wedi ei wneud o bren ysgawen a ddefnyddid gan y plant ers talwm.

plys poced – concer, cneuen goblo. Defnyddid 'plîs poced' yn Nyffryn Conwy.

pysl brwyn – deuthum ar draws yr enw hwn yn ysgrif Ap Cennin yng ngholofn 'Manion o'r Mynydd' yn yr *Herald Cymraeg*, 16 Hydref 1933. Gan nad yw'n rhoi disgrifiad manwl ohono, holais Tecwyn Vaughan Jones am gyngor. Dyma ran o ateb Tecwyn yn dilyn ei brofiad yn swyddog yn Amgueddfa Werin Cymru:

Mae'r pysl brwyn yn ddiddorol ... deuthum ar draws dau ŵr, nad oedd yn adnabod ei gilydd – mewn dwy ardal wahanol yn ne sir Aberteifi tua diwedd y 1970au pan oeddwn yn gwneud gwaith maes i AWC – yn 'whare puzzles' gyda brwyn. Dwn i ddim os mai'r un peth sydd yma. Roeddynt yn defnyddio'r brwyn fel llinyn, eu clymu gyda'i gilydd (yn ymddangosiadol felly) ac yna eu tynnu oddi wrth ei gilydd heb orfod eu datod na'u torri, sef rhyw fath o dric, ac wedi gwneud hynny rhoi'r brwyn i'r rhai a oedd yn gwylio a'u cael i wneud yr un peth – ond wrth gwrs, heb wybod sut, nid oedd modd gwneud y tric a phawb yn cael hwyl wedyn.

troell tysan – credir mai'r un peth â chwrligwgan y plant yw hwn. Diben y tegan yw gwneud sŵn rhyfedd.

Hamddena

Y tuedd heddiw yw defnyddio geiriau Saesneg ar rai o dermau'r byd hamdden a chwaraeon, ond fel y gwelwn, yn aml iawn, y mae rhai Cymraeg ar gael mewn llawer o'r gemau a chwaraeir, e.e. chwarae biliards a snwcer. Dyma rai o'r geiriau a thermau chwarae biliards a snwcer, a sawl gêm arall a ddyfeisiwyd gan rai i chwarae ar y bwrdd biliards, megis 'golff' a 'chriced' – ie, gemau ar fwrdd biliards oedd y ddwy yma gan lawer o'r hen griw a fynychai'r Lle Biliards yn y Blaenau yn ystod y 1960au a'r 1970au. Termau eraill oedd 'caff' (S. *rest*), 'llain bach' (*baulk*), 'pocedu / potio' (*to pot*), 'wasbws' (*frame*), 'plisman', 'trên bach', 'tyniad' (*screw back*), 'ochr' neu 'seid Capel Rhiw', 'rhoi gwaelod iddi hi'. (Gwynedd a Môn).

Pysgota – cyfreithlon ac anghyfreithlon!

Y mae llawer o eiriau a dywediadau o fyd pysgota afonydd, llynnoedd a'r môr yn Gymraeg. Dyma ychydig enghreifftiau o Wynedd gan ddechrau efo rhannau o'r 'blaen llinyn' a osodir ar y llinyn 'sgota yn y drefn hon – 'pluen flaen', 'goben', 'hopran'. Cyfeirir at y goben fel y 'bluen ganol' a'r hopran fel y 'bluen fôn' gan rai pysgotwyr.

plu 'sgota – ceir rhai ugeiniau o enwau a phatrymau plu pysgota yn ardal Blaenau Ffestiniog a chofnodwyd y mwyafrif ohonynt gan y diweddar Emrys Evans, yn gyntaf yn *Llafar Bro*, ac yna yn y gyfrol *Plu Stiniog* (2009). Enwaf ryw ddwsin, er mwyn ichi gael amcan o'r cyfoeth: bongoch, brych-y-gro, Capel Celyn, ceiliog hwyad corff coch, cogyn Now'r Allt, ega rych, sgarff Huw Owen, fflambo, gwybedyn bach traed cochion, Huw Llambed, pluen deryn mawr, rhwyfwr cochddu bach, troellwr mawr Penffridd. Dyma ddetholiad rŵan o ddywediadau a gesglais oddi ar lafar gwlad cylch Ffestiniog yn ymwneud â byd y genweiriwr:

bachu yn y gwaelod – sef y bach pysgota a'r plwm yn mynd rhwng dwy garreg, neu fachu ar dyfiant, yng ngwaelod y llyn neu'r afon a chreu trafferth i'r genweiriwr.

cwlwm gwaed – math o gwlwm a ddefnyddir i glymu'r plu 'sgota

dal blaen lli' – pysgota afon a'r llif ar ei uchaf wedi glaw trwm. Amser da i 'sgota â phryf genwair.

fel llyn llefrith – dŵr y llyn yn hollol lonydd a dim chwa o wynt arno.

fel pot pupur – pysgod lu yn codi i wyneb y llyn ac yn neidio am bryfetach neu gilion ac yn ymdebygu i bupur yn dod o dyllau'r pot.

gwestan / westan – llinyn pysgota, bach(au) ar un pen, gydag abwyd arno, ei glymu yn sownd mewn peg pren, a gosod hwnnw yn y ddaear yn angor iddo. Yna, taflu'r llinyn a'r bach i afon neu lyn a gobeithio y bydd pysgodyn arno pan ewch ato yn ddiweddarach. Gyda llaw, mae hyn yn ddull anghyfreithlon o 'sgota.

hen wariar – brithyll wedi tyfu'n fawr a thipyn o oed arno

llau môr – math o bryfetach a geir ar gefnau eogiaid wedi dod o'r môr i fyny'r afonydd.

maen nhw'n gafael – y pysgod yn cydio'n dda yn yr abwyd neu'r bluen.

naid – pan fydd y pysgod yn codi ac yn neidio am bryfetach – ceir 'naid bore', 'naid pnawn' a 'naid nos' yn ystod yr haf.

padell – cilfach neu fae ger glannau'r llynnoedd, e.e 'Padell Fawnog' yw enw un ar ymylon Llyn Morynion. 'Padell Cerrig Gwynion' yw un o rai Llyn y Gamallt, a 'Padell y Lili Felen' yw'r enw tlws ar un yn Llyn Cwm Orthin (Ardal Ffestiniog a'r cylch).

'sgota dwylo – pysgota â'r dwylo, neu â'r llaw, drwy deimlo am bysgodyn o dan torlan afon ac yna ei gosi tan ei fol. Unwaith y mae wedi llonyddu, gafael ynddo a'i daflu ar y lan yn sydyn.

'sgota nos – pysgota yn ystod y nos a cheisio dal y pysgod gyda phlu nos, fel rheol.

'sgota pluen – pysgota efo abwyd artiffisial tebyg i glêr

styllen – math o ddyfais fel 'cwch bach' i ddal pysgod trwy ddull anghyfreithlon.

tant – llinyn pysgota wedi ei osod ar draws afon neu lyn bychan er mwyn dal brithyll mewn dull tebyg i'r westan.

Ymlacio gyda mygyn

Y mae amryw hyd heddiw, er yr holl rybuddio o'r perygl, yn hoff iawn o gael mygyn pan gânt hoe fach ac amser i hamddena. Rwyf innau'n cofio'r adeg pan oeddwn innau, a rhai o'm cyfeillion, yn gwneud yr union beth. Pan fyddaf yn meddwl am yr amser hwnnw daw amryw o eiriau a dywediadau o fyd ysmygu yn ôl i'm cof. Dyma rai ohonynt:

dowtio - diffodd y sigarét (S. *to stub*)

haffyn – hanner sigarét, sef torri sigarét yn ei hanner pan nad oedd un gyfan gennym i'w roi i'n cyfaill, neu pan fyddid yn brysur yn gweithio a dim llawer o amser i ysmygu un gyfan.

stwmp pin – byddai rhai bechgyn yn begera stwmp ar ôl i'r rhai hynaf ysmygu'r sigarét hyd at y stwmp, ac ar adegau, byddai'r stwmp mor fach, byddai'n rhaid rhoi pin trwy'i ochr er mwyn ei ddal yn y geg ac arbed llosgi'r bys a bawd. Yna, ceid mygyn neu ddau ohono.

swal – dyma yw ein gair ni am dyniad neu *drag* o sigarét, neu o sigâr neu bibell.

sug baco – sudd ar ôl cnoi tybaco

tân tramp – y tân yn llosgi ar un ochr i'r sigarét yn unig, yn hytrach nag ar hyd y rolyn cyfan fel y dylai wneud.

Hyd at yr 1950au bu cwmnïau tybaco yn Amlwch, Caernarfon a Chaer, a sawl lle arall, yn paratoi gwahanol fathau ohono ar gyfer y farchnad, h.y. yn faco main a baco bras. Yn wir, ceid amrywiaeth o faco gydag enwau Cymraeg arnynt gan gwmnïau'r tri lle uchod. Efallai y bydd rhai o'r to hŷn yn cofio'r enwau canlynol: Baco Amlwch, Baco Caer, Baco Dienw, Baco Eifion –

arbrofwyd gyda thyfu cnydau o hwn yn Eifionydd oddeutu'r flwyddyn 1912
– Baco Gwalia, Baco'r Achos, Baco'r Aelwyd, Baco'r Bryniau, Baco'r Brython,
Baco'r Byd, Baco'r Hen Wlad, Baco'r Undeb, Baco'r Werin, Cymro Bach,
Cymro Dewr, Dewi Sant, Madyn Gwyllt, ayyb.

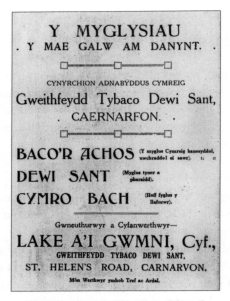

Hysbyseb o Raglen Swyddogol
Eisteddfod Genedlaethol Caernarfon
1921.

Pennod 6

Amaeth, diwydiant a chrefft

Dechreuaf gyda rhai o idiomau'r amaethwyr a'r tyddynwyr, ond cyn imi eu nodi, mae'n rhaid dweud mai ychydig ar y naw sydd yn yr adran hon gennyf gan fod y Parchedig Huw Jones, awdur y cyfrolau *Cydymaith Byd Amaeth* (1999-2001) a Twm Elias, golygydd *Fferm a Thyddyn*, wedi cribinio bron pob blewyn oddi ar y maes o'm blaen:

adlodd glas – adladd o laswellt

berfa lorpiau – math o ferfa a ddefnyddid gan gigyddion ac amaethwyr. Nid oedd ochrau arni ac roedd ganddi lorpiau hir yn hytrach na breichiau, gydag olwyn ar y blaen.

blongi – enw arall ar y corn bloneg a ddefnyddid gan bladurwyr i hogi'r erfyn â stric (pren grut) a grut mân.

Corn bloneg –'y blongi' (uchaf) a chorn grut (isaf) ar y warant

cadach grutio – gweler 'gwarant'

car dŵr – math o gerbyd i gario dŵr, mewn tanc fel rheol. Defnyddid rhai ar gyfer yr injan ddyrnu, yn ogystal â dyfrio'r hen ffyrdd llychlyd.

47

car eithin – math o gar llusg i gludo eithin

car moch – cerbyd i gludo moch, fel yr awgryma'r enw. Ceir cyfeiriad ato yn llyfr biliau Ellis W. Owen, 1901 (BJC12/Blwch 39 GAG).

carreg afael – yr un fath â 'pwyth trwy'r mur' a 'pin person'

cawell nata – math o gawell wedi ei wneud o wiail helyg ar gyfer cludo tatws. Dyma beth ddywed 'Cymro yng ngwlad y Sais' amdano yn ei lythyr i'r *Genedl Gymreig*, 6 Mehefin 6 1927:

> Dau fath o gewyll a welais i. Galwem ni un math yn gawell mawr a'r llall yn gawell nata os wyf yn cofio yn iawn. Yr oedd y cawell mawr wedi ei wneud yn fwy rhwyllog ac ysgafn at gario mawn sychion, neu wellt, gwair, neu rywbeth ysgafn; a'r cawell nata yn llai o faint, ac wedi ei weu yn glosiach a chryfach - at gario tatws, swêds neu deilo. Yr oedd y ddau wedi eu gwneud o wiail helyg. Yr oedd iddynt arwest, yr hon a roddid ar draws y pen, neu'r talcen, pan fyddai y cawell yn llwythog, neu ar draws yr ysgwydd pan fyddai y cawell yn wag.

Efallai mai o'r gair 'marchnata' y daw yr ail elfen yn wreiddiol (Eifionydd).

cerrig tir gwair – cerrig mân:

> Gorffwysa y maen clawr hwn ar drybedd o gerrig cedyrn, wedi eu plannu mewn crug o gerrig mân, fel y rhai a elwir ym Môn yn 'gerrig tir gwair'. (*Cymru*, Ion. 1900).

clwy' pladur – poen yn y meingefn ar ôl bod wrthi yn pladurio am oriau lawer.

cnocell melin eithin – y rhan sy'n gwneud y gwaith o dorri'r eithin

coch y maes – math o wenith

cotio – doctora anifeiliaid benywaidd

cragen galw'r gweision – cragen a ddefnyddid ar lawer o'n ffermydd gynt i alw'r gweithwyr i ddod i nôl eu bwyd.

geirchiog wagsaw – math o welltyn (S. *barren brome*)

gludwr – math o erfyn amaethyddol a ddefnyddid ar Ynys Enlli.

gogr ceirch – y mae gan y gogr ceirch rhyw 400 o dyllau i'r fodfedd sgwâr. Defnyddir i ogro blawd ceirch i wahanu'r eisin a'r rhynion.

gogr tro – wedi ei wneud o groen dafad ar gyfer gogro ŷd.

gorfainc – ar wahân i'r ystyr a roddir yn GPC amdano, sef mainc neu ffwrwm, credaf y gall olygu silff o dir neu deras ar lethr a ffridd hefyd. Gweler y bennod **Enwau Lleoedd**, t. 101

gwarant/warant – bu trafodaeth parthed y corn grut yn *Y Genedl Gymreig* yn ystod haf 1926 ac yn un o'r llythyrau dywed Llengar air neu ddau am y 'gwarant' ar ôl sôn yn gyntaf am y corn grut:

> Er dal y bloneg ceir corn arall tebyg iddo neu yntau fath ar flwch cyffredin o dun, neu alcan, a'r hwn hefyd y llyfnheid y grud ar y stric, y rhan amlaf dau gorn a ddefnyddid, y rhai a gysylltid ynghyd er eu cludo mewn llaw neu ar ysgwydd. Er dal y grud yn yr act o 'rudio', y teclyn cyffredin fydd clwt o ledr, yr hwn a elwid 'gwarant' ac nid 'cadach grutio'. I'r warant mae hanes diddorol.

gwenith coch – math o hen wenith Cymreig

gweiryn miri – math o wair. Yn ei lythyr i'r *Genedl Gymreig*, 19 Gorffennaf 1926 cyfeiria Gomer Roberts, Bryn Gath, at wahanol fathau o wellt a gweiriau a leddid wrth bladurio, megis 'gweiryn miri' a 'dur-dor'.

gwrychyn mochyn – gwrychyn hwch, sef math o blanhigyn (*nardus stricta*).

llau gleision – llau a geid ar gefnau gwartheg

mochwair – gwair morfa (Dyffryn Conwy)

mwg-magio – ffagio, sathru. 'Mae'r tywydd 'ma wedi mwg-magio'r gwair,' (Arfon).

picyn godro – math o bwced neu stwc a ddefnyddid gynt ar gyfer godro.

pladur ffosydd – pladur a ddefnyddid i glirio tyfiant a chwyn o'r ffosydd.

porfa cornchwiglod – cae neu rostir llwm heb fawr o fwyd arno (Môn).

pren baich – teclyn o bren ar gyfer cludo beichiau. Disgrifir ef fel a ganlyn yn y *Ffynnon*, Hydref 2008 gan Mr J. R. Owen, Meillionen:

> Tamaid o gangen coeden gelyn ydyw ac wedi gwneud twll yn y ddau flaen efo procer poeth; buasai drilio twll yn ei gracio. Roeddych yn rhoi blaen darn o raff drwy un twll, a rhoi cwlwm arno, wedyn dirwyn tua deg llath o'r rhaff allan, ei thorri, ac wedyn rhoi y blaen hwnnw drwy y twll arall yn y pren baich a rhoi cwlwm arno. Ei ddefnydd yw i gario baich o wair, gwellt, brwyn, rhedyn neu goed tan o lefydd fel coedydd neu ochrau serth.
> (Eifionydd).

sgaran – ceffyl tal, tenau; sgeran (GPC)

sgrymlan – dafad wedi colli llawer o'i chnu cyn y tymor cneifio (ardal Ffestiniog).

sgwrlwm – dafad neu lwdn barus wedi crwydro o gae i gae drwy'r perthi a cholli y rhan fwyaf o'i chnu. Gair a ddefnyddid yn rhannau o'r De.

stagar – brâc trol neu wagen (sir Gaernarfon)

stalwyn sir – march a ddefnyddir ar gyfer bridio ceffylau. Hefyd, dyn sy'n dipyn o foi efo'r merched.

strodur – gweler 'ystrodur'

topyn – y rhan o'r mwng sydd ar dalcen ceffyl

torri gorchest – dywediad o fyd pladurio yw hwn. Dyma air amdano o erthygl 'Eifionnydd' [*sic*] gan Robert Williams, Henllan, Pwllheli, yn *Cymru*, cyf. 28, 1905 lle mae'n sôn am orchestion yr ardal 60 mlynedd ynghynt:

> Nid eu hysgrifennu am fy mod yn eu cymeradwyo yr wyf, ond fel ffeithiau yn hanes Eifionnydd [*sic*]. Nodwn dair neu bedair o arferion gorchestol y dyddiau hynny; a hyd yr wyf yn deall, y mae'r arferion bron â diflannu. Cyfeiriaf yn gyntaf at yr arferiad o dorri gorchest. Yr oedd eisiau pladurwyr da a gorchestol i ragori yn y gwaith hwn. Enwaf ychydig o'r llawer oedd yn rhagori mewn torri gorchest. Un oedd Rolant Griffith, Brynbychan, byddai ei bladur mor fawr fel nad allai fawr ddyn daflu arfod gyda hi. Y gwahaniaeth rhyngddo ag eraill oedd ei fod yn torri gorchest trwy y dydd, ac nid torri rhyw un wanaf er gorchest. Byddai yn dal i dorri gwanaf bedair llath o led trwy y dydd. Byddai Hywel Ellis, Plas y Pennant yn gwneud yr un fath. Clywais Wm. Griffith y Maenllwyd yn dweud y byddai yn mynd o'r Maenllwyd i Blas y Pennant i weled y gwaneifiau wedi eu torri. Byddai bron ymhob fferm ryw lannerch neillduol mewn gweirglodd lle byddid yn arfer ymryson torri gorchest.

ystrodur – ceid gwahanol fathau o ystroduriau neu bilynnau pwn ers talwm, e.e. strodur bren. Dyma ddisgrifiad o un math o strodur yn *Seren Cymru* 1898:

> O goed y gwneid y strodur hwn, a gwaith go arw a fyddai arni yn fy nghof i. Fforchai am gefn yr anifel, a sicrheid hi â chengl o dan ei dor ef, ac yr oedd iddi ddau gorn i gadw'r pwn yn ei le ar riw a goriwaered. Mae strodur y ceffyl gwedd yn fwy celfydd, ac yn lle y ddau gorn y mae ynddi rigol i ddal y gefndres.

Enwau eraill arnynt oedd 'strodur gyrn' a 'strodur beiriannau'.

Y Chwarel

Gan fod sawl un eisoes wedi cofnodi termau yn ymwneud â'n chwareli llechi, megis rhai fel Emyr Jones yn BBGC 1961, a rhestr ohonynt yng nghylchgrawn chwareli Oakeley a Foty gynt, sef *Caban*, yn 1966, ceisiaf gadw at rai sydd heb ymddangos hyd yn hyn yn ein geiriaduron. Yn ddiau, roedd y chwarelwyr yn benigamp am fathu enwau ar rai o'r offer, arfau a pheirianwaith y chwarel fel y gwelwn isod:

bariau Thomas Hughes – math o reiliau symudol a ddyfeisiwyd gan Thomas Hughes, fforddoliwr Chwarel Braich y Cafn, neu Chwarel Penrhyn fel y'i gelwid yn ddiweddarach.

blondin – yn chwareli Dyffryn Nantlle defnyddid rhaff awyr a theclyn i godi wagen arni hi a lysenwyd yn blondin ar ôl y rhaffgerddwr enwog Charles Blondin (1824-97).

carfil – yr enw a ddefnyddid ar y ddyfais a redai ar raff y blondin. Dyma gyfeiriad ato yng nghyfrol *Chwareli Dyffryn Nantlle* (1980) gan Idwal Hughes:

> Yr oedd twll y chwarel yn ymyl Plasdy Mr Robinson, Talysarn, ac roedd blondin neu garfil cyflym yn weindio o'r twll.

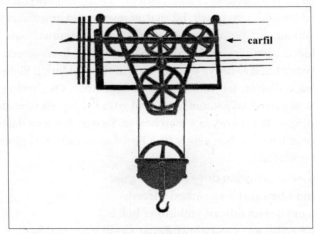

Blondin

car gwyllt – dyma ni wedi dod at gynffon y teitl a ddewiswyd ar gyfer y gyfrol hon. Cyfeiriad at un o'r cerbydau hynotaf a fu yn ardal Blaenau Ffestiniog a gawn yn yr enw 'car gwyllt'. Gyda llaw, efallai y dylid dweud yn gyntaf bod hwn yn wahanol i gar gwyllt Chwareli Dinorwig, Llanberis ac un chwarel Aberangell, ger Corris.

Dyfais leol oedd y car gwyllt hwn a dyddia o gyfnod pan ddatblygwyd Chwarel y Graig-ddu ar ochr ddwyreiniol tref Blaenau Ffestiniog yn ystod y 1860au. Er mwyn cludo'r llechi o'r chwarel, gwnaed tair inclên hir i lawr o ran uchaf y gwaith at le o'r enw Glan y Gors yn ardal Bethania. Gorffennwyd gosod y bariau arnynt oddeutu'r flwyddyn 1866. Hyd yr incleniau hyn, a'r rhannau gwastad rhyngddynt, roedd 1,800 troedfedd. Felly, roedd cryn dipyn o waith cerdded o'r pen uchaf i lawr at y ffordd fawr ym Methania i'r chwarelwr cyffredin.

Yn sgil hyn daeth syniad i ben Edward Ellis (1837-1902), gof y chwarel, i wneud cerbyd bach a allasai gludo'r chwarelwyr o'u gwaith ac i lawr yr incleniau hyn mewn dim o amser. Dechreuwyd ei ddefnyddio yn 1867, ychydig ar ôl cwblhau y tair inclên o'r chwarel, ond braidd yn drwm oedd y ceir cynharaf, ac o ganlyniad, gwnaed rhai ysgafnach gan William Evans, ond eto heb frâc arnynt. Buan iawn y daeth yn boblogaidd gyda gweithwyr y ddwy chwarel ar y Manod, sef y Graig-ddu a Bwlch Slaters. Dyma'r chwareli a'i defnyddiai yn y Blaenau. Serch ei boblogrwydd, gallasai'r 'car bach' fod yn beryglus iawn i'r anghyfarwydd a phrofodd sawl un niwed front wrth ei ddefnyddio, ac yn wir, bu rhai ohonynt yn ddamweiniau angheuol.

Yn ddiau, un o'r rhesymau pennaf am y damweiniau yn ystod blynyddoedd cynharaf ei ddefnydd oedd y diffyg brâc. Roedd yn rhaid 'cicio' gyda'r traed er mwyn ei arafu cyn i of chwarel Bwlch Slaters o'r enw Gershom Williams, fel y credir, lunio'r brâc arno. Os clywid ei ganmol gynt, yn sicr haeddai ganmoliaeth ar ôl gosod y ddyfais newydd arno er mwyn diogelu tipyn mwy ar y marchogwr. Yn wir, daeth yn destun siarad a chân gan lawer, a dyma sut y bu i Ifan Jones, Isfryn, ei glodfori yn ei bennill cyntaf iddo:

Amrywiol gerbydau drwy'r oesau a gaed
I gario'r hen gorffyn ac arbed y traed;
Ond nid oes un ddyfais ymhlith yr holl lu
Mor werthfawr i'r gweithiwr â char gwyllt y Graig-ddu.

Llun o gar gwyllt Chwarel y Graig-ddu
(Llun: G. J. Williams)

Bu sawl chwarelwr yn ddigon anffodus i gael damwain arno, yn ogystal ag ambell fachgen a dueddai i chwarae arnynt yn anghyfreithlon gyda'r nos. Yn wir, anafwyd un doctor ar gar gwyllt wrth deithio i lawr Inclên Ganol y Graig-ddu ym Mehefin 1897. Trodd nifer ohonynt yn rhai angheuol a digwyddodd hynny ar 20fed Tachwedd ym mlwyddyn gyntaf ei ddefnydd i John Thomas, a bu i'r olaf, sef William Stephen Williams gael ei ladd wrth ddod i lawr Inclên Uchaf Graig-ddu ar ei gar gwyllt ar 1 Rhagfyr 1930.

Dyma ychydig o fesuriadau y car gwyllt – y mae'r sedd yn mesur oddeutu 66 x 19 x 5 centimedr a'r olwyn flaen yn 13cm o drawsfesur. Hyd y wialen haearn, sydd ar ongl sgwâr i'r sedd, yw 110 centimedr.

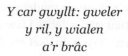

Y car gwyllt: gweler
y ril, y wialen
a'r brâc

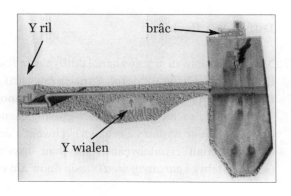

carreg bwysau /cerrig pwysau – dyma'r enw ar yr hen gerrig to a wneid yn ein cloddfeydd llechi yn y dyddiau cynnar. Llechi a fyddid yn eu gwerthu yn ôl eu pwysau oedd y rhain. Gelwid hwy yn *ton slates* yn Saesneg. Dyma air amdanynt o Lith Ehedydd Eifion[a] yng ngholofn 'Manion o'r Mynydd', Carneddog yn *Herald Cymraeg*, 20 Mawrth 1933:

> Pan oeddwn yn gweithio ym Moelfre y dechreuodd Chwarel Hendre Ddu[b]. Gweithid hi gan Dr. Roberts (Y Doctor Coch) ac Owen Roberts, y sadler, Porthmadog. Pedwar o weithwyr oedd yno pan ddechreuodd, sef W. Jones, Glan y Fawnog, Thomas Jones Tyn y Cae, Garn (y ddau yn greigwyr) a John Jones, Siop Newydd ac Owen Edward Yr Odyn, Garn yn gweithio cerrig allan a Daniel John Morris yn rybela. Wedi i mi ddysgu hollti a naddu ymadewais o'r Moelfre a chefais waith yn Hendre Ddu. Bum yno am tua blwyddyn pryd y gofynnwyd i mi fynd i naddu i Chwarel Cwm Trwsgwl. Cefais le caled iawn yno gan mai naddu cerrig pwysau oeddwn ac nid oeddwn ond pymtheg oed.

[a] – Robert Jones – Ehedydd Eifion (1860-1936)
[b] – Chwareli Moelfre a Hendre-ddu, Cwm Pennant, Gwynedd

carreg fwsog/cerrig mwsog – cerrig to trwchus y byddid yn rhaid eu mwsogli gan nad oeddynt yn gorwedd mor llyfn â'r llechi to diweddar.

cerdded bariau – dyma a fyddid yn ei wneud mewn lleoedd gwlyb dan draed lle ceid ffordd haearn (rheilffordd gul) yn ein chwareli llechi gynt. Byddai dau bartner, fel rheol, yn cerdded ochr yn ochr ar fariau'r ffordd haearn lle ceid dŵr wedi hel rhyngddynt, a rhoddid un fraich dros ysgwydd y naill a'r llall er mwyn cadw balans a rhoi eu traed yn y dŵr.

Diffygion y llechfaen

Mae rhai o'r enwau ar y gwahanol ddiffygion a ffaeleddau a ddigwyddai yn y llechfaen yn ddigon diddorol. Y mae'r mwyafrif o'r rhain yn ymdebygu i'r nam a geir yn y garreg las, e.e. 'baw iâr' – sef smotiau sylffar tebyg i faw iâr; 'bodia llwyd', 'cachu cythraul', 'cefn gwellt', 'cneuen', 'crych du' (sef crychni tebyg i grach ar wyneb y llechfaen), 'chwain', 'dail', 'dyfrholltau', 'edafedd du', 'gwniadau' (ymdebycant i bwythau drwy'r llechen), 'hadau carwa' (smotiau tebyg i *caraway seed*), 'lasia duon' am eu bod yn debyg i lâs (*lace*) tywyll ar wyneb y llechfaen; 'llyffant', 'palffia', 'post ticyn' (sef colofn o graig sâl rhwng rhannau iach o'r llechgraig ac yn cynnwys darnau fel ticyn gwely yn ei chyfansoddiad). Ceir 'post gwellt' hefyd, am fod darnau tebyg i wellt y maes yn ei gyfansoddiad. Y mae 'smotia llaeth' fel diferion o lefrith wedi eu colli ar hyd wyneb y llechen. Gwallau cyffredin yn y llechfaen yw 'cefn' a 'slip' a 'troed' – ceir amryw fathau o'r rhain. Un ohonynt yw 'troed clagwydd' a dau arall yw 'troed glas' a 'troed pres'. Dywediad yn y chwarel ers talwm am garreg las yn llawn o 'draed' oedd – 'y mae hon fel neidar gantroed', h.y. yn draed i gyd fel y creadur bach sy'n dwyn yr enw hwnnw.

hwrdd – llif dywod a ddefnyddid ar gyfer llifio llechfaen neu gerrig. Math o lafn hir yn siglo o fewn ffrâm neu'n hyrddio yn ôl ac ymlaen ar y llechfaen sydd angen ei lifio. Rhoddir tywod ar wyneb y llechfaen er mwyn i'r hwrdd rygnu arno a thorri ei ffordd drwyddo. (S. *reciprocating saw*)

jacob – math o ddyfais a geir yng nghanol y ffordd haearn ar grimp inclên er mwyn atal wagenni a sledi rhag rhedeg yn eu holau ar ôl eu codi i fyny i'r lan. Efallai mai o'r term *check block* y tarddodd yr enw Cymraeg arno. Enw arall arno yn y Saesneg yw *stop block*.

megryn – math o ddyfais a geid yn chwarel y Rhosydd gynt, sef y chwarel a agorwyd ar un o ysgwyddau'r Moelwyn Mawr uwchlaw Cwm Orthin ar yr ochr ogledd-ddwyreiniol, ac ar yr ochr ddwyreiniol i Gwm Croesor. Gweithid ef gyda system rhaff-ddiddiwedd. Ceir ei hanes a chynllun ohono yn y gyfrol *Rhosydd Slate Quarry* (1974) gan J. H. Denton a M. J. T. Lewis.

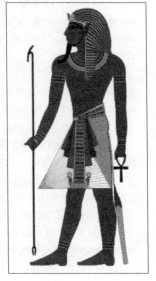

milgi – darn byr o far haearn a osodid yn lle rhan o reilen wedi treulio ar y dramffordd.

pharo – math o beg ar fwrdd llifio llechi a thwll drwy ei ran uchaf. Efallai am ei fod yn debyg i'r symbol hwn sy'n llaw chwith y Pharo.

tolyn – y ddolen ar ochr y bwrdd llifio llechi ar gyfer rhoi'r bwrdd yn ei afael.

tew bach naw modfedd – haen o lechfaen naw modfedd a geid ymysg haenau llechfaen a haenau gwenithfaen Chwarel Cwm Orthin.

tew llau – haen o lechgraig a lympiau tebyg i lau pen ynddi.

tew mastiff – haen o lechgraig galed yn Chwarel Wrysgan, Blaenau
  Ffestiniog.

Diwydiannau Eraill

Gwaith Crydd

Dyma un o'r hen ddiwydiannau bychain sydd wedi mynd yn angof gan y to
presennol. Yng ngweithdy'r crydd y byddai senedd y pentref yn ymgynnull ers
talwm i drafod pynciau'r dydd, ond fel llawer o'r pynciau hynny, aeth llawer
o dermau a gwahanol enwau a fyddai'n rhan o eirfa'r crydd yn bethau hollol
ddieithr i'r oes hon. Dyma rai geiriau rwyf wedi eu hel: 'cefften' (sef edau'r
crydd), 'clamp gliniau', 'gwadn bach', 'gwaltas', 'hoelion Twm Paen', 'lledr
uchafed', 'mul a phren troed', 'pwyntredyn' (math o bwyth), 'swch' (sef lledr
blaen esgid), 'tapyn' (darn o ledr a ddodir ar wadn esgid pan fo wedi treulio),
'unden' (llinyn crydd). Y mae amryw o rai eraill hefyd yn ymwneud â chlocsiau.

Gwaith Gof

Credaf fod hanes gofaint Cymru gynt yn un hynod ddiddorol, ac yn wir, yn
haeddu cyfrol yn adrodd y math o waith a wneid ganddynt a'r storïau lu sy'n
eu cylch. Yn dilyn, ceir rhai o enwau'r offer, neu'r arfau, a ddefnyddid gan
ofaint ein gwlad hyd at ryw 60 mlynedd yn ôl. Y mae llawer ohonynt yn eiriau
dieithr bellach:

cynion – Deallaf mai'r enwau am 'cŷn oer' a 'cŷn poeth' yn ardaloedd glofaol
  y de oedd 'clifft oer' a 'clifft twym' – enwau hollol ddieithr i mi. Enwau
  eraill gan y gof oedd – 'cŷn caled', 'cŷn gwialen', 'cŷn sianal', chwip
  (gwialen am goes y darfath; S. *swage*).
gefeiliau – 'gefail bawb' neu 'gefail bawb at bopeth' – sef math o *adjustable
  wrench* a ddefnyddid gan ofaint a ffitars yn Chwarel Oakeley, Blaenau
  Ffestiniog gynt; 'gefail big chwadan', 'gefail droi', 'gefail geg fer', 'gefail
  geg lydan', 'gefail glos', 'gefail fflat', 'gefail gron', 'gefail bedoli', 'gefail
  beips / gefail bibella', 'gefail torri carna', ayyb.
morthwylion – hogwr, sef math o forthwyl neu 'mwrthwl pedoli', 'mwrthwl
  pen paen', platar (sef math o fwrthwl pen sgwâr), gordd haearn.

Termau eraill oedd: 'grwg' (y gasgen ddŵr), 'haearn bwrw', 'haearn croyw', 'haearn gyr', 'llifyn' (graen yr haearn), 'asio' (hasio ar lafar, sef uno neu weldio), 'cyffio' (tewychu'r haearn wrth ei drin), 'tymheru'.

Offer eraill oedd y 'caletyn' (y cŷn caled a osodir yn nhwll sgwâr yr eingion; S. *hardie*), 'maen gwyllt' (maen llif yn gweithio â thrydan; S. *grinder*); 'mul' (math o stôl lle yr eisteddai'r gof arni i flaenu hoelion pedolau ar ôl iddynt oeri), 'twsyn' (y rhan sy'n tapro tuag at fin cŷn a bwyell, ayyb), 'rhimyn deufin' (S. *V shape fuller*), 'siswrn shîtia' (siswrn cryf i dorri dalennau metel).

eingion – 'sawdl', 'pig' neu 'gorn', 'twll cethar' (cethr), 'y lygad laethu', 'twll sgwâr' ('y lygad offer'), 'bôn', 'y cyff' neu 'glwyd yr engan' (y plocyn pren sy'n ei chynnal).

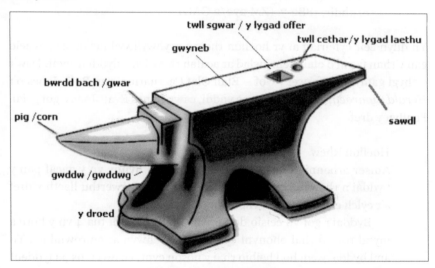

Enwau ar rannau o'r eingion

Dyma ddetholiad o bethau a wneid gan ofaint ein chwareli a'n glofeydd, a gofaint cefn gwlad yn ystod y blynyddoedd gynt. (Fe'u copïwyd fel ag y maent yn y dogfennau gwreiddiol):

  a) 3 Bwys hoelion Sbaras – 1/- ......Hoelion rhew ir ferlen – 2d
      .....hoelion Dwbwl 30 – 1/2 d. Llyfr cyfrifon Evan Lloyd, gof Bryn
      Eglwys, Corwen 1851-2. (Llsgr. Bangor 8468)

b) gwneud cryman drain – 1/8d ....taclu clust cam ......6d .....gwisgo olwyn berfa – 1/. Cyfrifon John Williams, gof, Henryd am y blynyddoedd 1853-7. (XM 4046 / 135 GAG)

c) goriad gwelu – 6d ..... cyllall gerrig - 2/6 ....palfa gefal - 5d ....hoelion pitia - 4d. Cofnodion W. O. Evans (Gwilym Ychain), gof Chwarel Holland, Blaenau Ffestiniog - 1865-6. (Casgliad J. W. Jones, LLGC)

d) platio strodur 1/2d ....taclu felin eithin – 3/3....hoelion rhew i 3 ceffyl – 6d....pin egwud – 1d .....hoelion rhew i'r mul – 4d. Llyfr David Roberts, gof Pencaerau, Aberdaron 1870-1 (Llsgr. Bangor 1502)

e) cetun llidiard - 2d....dirio gwuall toi - 6d ....4 plymen ffenest - 5/6 ....efail tynhau wëir - 1/0 (sef gwifren)... gwneud cun holldi coed - 2d ...amgarn cryman - 1d. Llyfr Gof, Edward Owen, Tir Stent, Brithdir, 1882-7. (ZM 272/2 GAG)

Yn dilyn ceir cyfeiriad at yr hoelion rhew a grybwyllwyd uchod ac a wneid gan y rhan fwyaf o ofaint ein gwlad ar aeafau rhewllyd y dyddiau gynt. Daw'r erthygl ganlynol 'Ffarwel y Gof – Efail Olaf Caernarfon' gan R. E. Jones o'r *Herald Cymraeg*, 4 Ebrill 1960, ac ynddi, cawn hanes Evan Jones, gof gefail Penllyn y dref.

Hoelion Rhew

Amser arbennig o brysur oedd y cyfnodau hynny yn y gaeaf pan y byddai'n rhewi a rhyw 30 o geffylau cerbydau gwerthu llaeth y dref a'r cylch eisiau 'hoelion rhew' yn eu pedolau.

Byddai'r gof yn ceisio dod i ben â hi drwy godi tua 4 yn y bore a mynd rownd rhai ohonynt cyn iddynt gychwyn ar eu rowndiau. Yn aml byddai wedi bod heibio rhai y noson cynt, yn hwyr, os na fyddent wedi medru galw yn yr efail yn ystod y dydd.

Gwehyddu a gweu

Rwy'n cofio rhai'n sôn am wahanol batrymau gweu ers talwm, beth bynnag dim ond rhyw ychydig rwyf wedi eu nodi yma oherwydd aeth y gweddill o'm

Y gofaint wrthi'n pedoli un o'r ceffylau gwaith yn Nolgellau
(Llun trwy ganiatâd Gwasanaeth Archifau Gwynedd)

cof: 'asgwrn pysgodyn', 'hetar smwddio', 'llwybrau llanciau', 'tri a thri', 'ecstro'.

Dyma rai pwythau brodwaith: 'pwyth rhedyn' (S. *feather stitch*), 'pwyth fforchog', 'pwyth y gadwyn' (S. *chain stitch*), 'pwyth gratur' (S. *moss stitch*), 'pwythyn dyrlifau' (S. *honeycomb stitch*), 'Siôn coedwr', 'Siôn cent'.

Pennod 7

Byd natur

Y mae llawer ohonom wedi cael pleser mawr dros y blynyddoedd yn astudio agweddau gwahanol o fyd natur, ac nid oes dwywaith andani ei fod yn dal i gyfareddu dyn o ddydd i ddydd. Dyma ddetholiad o eiriau anghyffredin o'r maes diddorol hwn.

afalau bwci – egroes (S. *rose hips*)

bambo – plys poced, concer; cneuen y farch gastanwydden

bili bigog – math o bysgodyn môr; *Gobius paganellus* (S. *rock goby*)

bloneg y derw – math o ffwng gwyn tebyg i floneg anifail

bo pig – math o bysgodyn pigog, sef *Gymnocephalus cernuus* (S. *ruffe*)

bochau cochion – egroes, ffrwythau'r rhosyn gwyllt

braster y ddaear – math o bryf neu gynrhonyn. Dyma air amdano o gyfrol *Hanes Plwyf Niwbwrch* (1952) gan Hugh Owen lle mae'n sôn am aredig ag ychen gydag iau ar eu gwarrau:

> Weithiau byddai'r iau yn torri'r cnawd yn friw, ac os byddai i ddaliwr yr aradr neu yrrwr yr ychen ganfod y pryf garw hwnnw a geir ar adegau mewn tir da ac a enwir 'fraster y ddaear', fe fyddent yn stopio'r wedd, ac a'r pryf yn rhwbio'r briw ar war yr ychen. Dyna'r rheswm i'r pryf hwnnw gael ei alw yn 'bryf y war'.

brechdan bren – math o ffwng ysgwydd a dyf ar goed bedw. Defnyddid ef ers talwm i roi min ar rasal ac i ddal bachau pysgota (S. *Birch polypore*).

bwmbwl gestod – math o bysgodyn. Mae Sarnicol yn sôn amdano yn ei ysgrifau ar eiriau llafar gwlad ardal Ceinewydd, Ceredigion. Mae'n bosib mai 'bawd y melinydd' a olyga.

bwyd y wiper – madarch staen melyn; *Agaricus xanthodermus* (Nantgarw a'r Rhondda).

bysedd y wrach – sef ffwng melyn ar ffurf bysedd main; *Clavulinopsis helvola.*

cenau pen gwirion – madfall, lisard (Niwbwrch, Ynys Môn)

cig tarw – glasbren y mieri (sir Gaerfyrddin)

Bysedd y wrach

cig y brain – blagur rhosyn gwyllt (S. *wild rose bud*)

clêr derw – pryfaid mân y dderwen (S. *gall flies*)

clust mwnci / clustiau mwnci – math o ffwng. Enw llafar ar 'glustiau'r Iddew' (*Auricularia auricula-judae*) yng Ngwynedd a Môn.

cneuen goblo – cneuen marchgastan, concer

cnotyn / cnotiau – math o dyfiant ar goed; afal derw, marblen goed (S. *gall*).

cocorwrw – gwyfyn (tref Caernarfon)

coch-y-dail – eog llawn dwf a geir yn yr afonydd yn ystod yr hydref. Y mae gwawr goch fel dail yr hydref arno a dyna'r esboniad am yr enw.

coch-y-don – sil y don

coeden rodis – coeden rhododendron. Coed rhodis yw'r lluosog.

corbed / corbry – pryf pric, sef y trychfilod sy'n gwneud tŷ iddynt eu hunain gyda graean neu ddarnau mân o bren (S. *caddis fly larvae*).

cwpan(au) mwsog – credaf mai'r ffwng *sarcosypha coccinea* yw hwn

cwpan(au) pas – defnyddid y cen cwpan hwn yng Nghwm-main, ger y Bala gynt ar gyfer gwella'r pas trwy eu berwi mewn llefrith.

cwpanau Robin goch – math o ffwng (*Sarcoscypha coccinea*; S. *red cup fungi*).

cwrlid – myrtwydd y gors

Cwrt Mawr y Brain – Dau enw arall ar yr un peth yw 'Llys y Brain' a 'Senedd y Brain'. Credwch neu beidio, ond y mae amryw o bobl hyd heddiw yn credu bod brain yn cynnal rhyw fath o lys barn ac yn dedfrydu un o'u tylwyth i farwolaeth – a hynny trwy ei chrogi ar gangen.

Mae'r gred hon yn un bur hen, bellach, ac o sôn am hyn, tynnwyd fy sylw gan Dafydd Guto at erthygl o'r enw 'Llysoedd barn ymhlith brain' a ymddangosodd mewn cyfrol o'r enw *Rhyfeddodau Natur a Chelfyddyd* mor bell yn ôl â'r flwyddyn 1859.

Y mae sawl llygad-dyst wedi crybwyll hanes y cwrt hwn o dro i dro. Un ohonynt oedd Alun Williams, Tanygrisiau – a symudodd i fyw i Heol Jones, Blaenau Ffestiniog yn ddiweddarach. Ceir erthygl hynod o ddiddorol ganddo ar y pwnc, sef 'Cwrt Mawr y Brain' a ymddangosodd yn yr *Herald Cymraeg* ar 18 Ebrill 1960. Gan fod ei ddisgrifiad o'r llys a welodd gerllaw Dôl-y-moch, Dyffryn Maentwrog, mor fyw a dramatig rwyf am ddyfynnu y rhan fwyaf o'i stori yma:

Y Ffordd i Faentwrog
Un prynhawn braf penderfynais fynd allan am dro fy hunan bach; cychwynnais yn gynnar ar ôl cinio gan gerdded yn hamddenol fel dyn gwael [roedd wedi cael dos o annwyd trwm] hyd at Dolwen, fferm rhyw filltir o'm cartref. Eisteddais am ennyd ar garreg lwyd gyda chen cerrig hen arni gan fwriadu troi'n ôl, ond gan ei bod braidd yn gynnar ar y dydd, a minnau heb flino, denodd yr hin braf fi lawr Ceunant Sych, ond nid mor sych â'r enw chwaith, oblegid yno fe'm disychedais fy hun o 'Ffynnon Doctor', fel y'i gelwid, ffynnon fechan at faint powlen yng nghanol craig.

Wedi drachtio yn helaeth o'r cawg carreg, eisteddais eto am ennyd gan feddwl eilwaith droi'n ôl, ond fe'm teimlwn fy hunan yn sbriws iawn pan godais ar fy nhraed, a themtiwyd fi i gerdded ymlaen eto lincyn-loncyn hyd nes y'm cefais fy hun y tro yma ar bont Talbont, sydd rhyw filltir ymhellach draw ar y ffordd i bentref bach tlws a thawel Maentwrog.

Rhaid cyfaddef fy mod wedi blino erbyn hyn gan fod fy nghoesau yn gwegian yn fy 'sgidiau dan effaith arteithglwyd y dwymyn; eisteddais yn fflop ar fy fforchog ar ganllaw carreg y bont gan ddymuno iddi fy nghipio adref yn gynt na Meg, caseg Tom O'Shanter, Bobby Burns gynt.

Dwndro Mawr

Yn wir i chi, fûm i ddim yn eistedd arni yn hir iawn cyn clywed siarad a dwndro mawr mewn rhyw iaith nad oeddwn i na neb arall yn ein byd hollwybodol ni yn ei ddeall.

Gwrandewais ar y swn a'r dadwrdd aflafar am funud neu ddau gan droi fy wyneb i gyfeiriad y clegar, ac yng nghanol y dwndro deuai sgrech aflafar a phoenus nawr ac yn y man, a hawdd canfod fod rhywun neu rhywbeth mewn poen gan mai oernad poen ydoedd.

Ni allwn aros eiliad yn hwy a rhoddais lam o'r cyfrwy caled i gyfeiriad y swn; gwelais fod rhaid imi droi o'r ffordd fawr a dilyn y llwybr cul hwnnw sydd yn arwain at hen blasty Dôl-y-Moch. Cerddais yn a-r-a-d-e-g am oddeutu can llath, a chanfûm ar un o'r dolydd ar y dde i mi, haid o frain, rwyf yn sicr fod yna o leiaf gant ohonynt wedi ymgynnull, a hynny ar ryw hanner cylch fel pe buasent wedi torri cylch dawnsio y Tylwyth Teg yn ei hanner.

Pa ddiben

Stopiais am ennyd er ceisio gweld tybed pa ddiben oedd i'r dyrfa fawr a welwn o'm blaen, a'r cwbl oll ohonynt yn eu galarwisgoedd trwm fel pe bai pob un ohonynt newydd gladdu eu perthnasau agosaf y diwrnod hwnnw.

Y peth cyntaf a ddaeth i'm meddwl wrth eu gweld oedd y syniad plentynnaidd oedd gennym ni'r plant yn Nhanygrisiau ers talwm. Pan welem haid o frain yn ehedeg gyda'i gilydd, edrychwn yn syn tuag atynt, a phob un ohonom fel côr cydadrodd yn dweud: 'Dyna gynhebrwng brân yn pasio'. Ond wir rhoddais heibio'r syniad bachgennaidd yna a phenderfynu na ddeuwn yn ôl iddi yno heb gael gwybod i sicrwydd ystyr ac amcan eu cwrdd mawr. Yna symudais ymlaen rhyw ugain llath yn nes atynt, a hynny yn ddistaw bach ar fy nhor, fel neidr gyfrwysgall, rhag tarfu ar y sasiwn grawclyd. Eisteddais i lawr ar lecyn manteisiol i wrando a gweld y cwbl.

Un o filiynau

Ni fum yno'n hir cyn sylweddoli fy mod yn un o'r etholedigion prin hynny, un o bob deng mil, neu ddeng miliwn efallai, a oedd yn mynd i gael braint mawr fy mywyd o fod yn llygad-dyst o un o gyfrinion a

rhyfeddodau mawr natur, sef gweld a chlywed gweithrediadau Cwrt
Mawr y Brain. Ie, Cwrt Mawr cofiwch, nid rhyw gwrt bach lleol, misol
lle cosbir ti a minnau i ddim ond hanner coron am regi a chymryd enw
Duw yn ofer, ond dwy gini a'r costau, os nad mis o garchar hefyd, am
ddal gwningen neu eog; na nid un felly, ond Cwrt Mawr fel yr 'Old
Bailey', lle condemner dau i farwolaeth am ladd un. Ie, Cwrt mawr
felly welais innau ar un o ddolydd Dôl-y-Moch.

Gofidiais lawer nad oeddwn wedi cyrraedd yno mewn pryd i weld
a chlywed y gweithrediadau agoriadol; ni wn chwaith o ba gyfeiriad y
daeth y gynulleidfa fawr ynghyd, nac o ba nythfa yr oedd y carcharor,
na beth oedd ei drosedd, druan bach; ond rwyf bron yn sicr o un peth,
mai'r barnwr mawr du o Gastell Harlech oedd barnwr crawclyd y
frawdoliaeth ryfedd honno. Ni allaf sicrhau chwaith a gafodd y truan
gyfiawnder, ond gallaf dystio i ddadlau brwd gan y rhai oedd yn erlyn
a'r rhai oedd yn ei amddiffyn.

Cadw ei le
Cadwai pob un o'r brain ei le yn drefnus a gwrando'n astud gan droi
eu pennau yn ddeallus i gyfeiriad y siaradwr, neu'r siaradwyr fel y
byddai'r galw am hynny, ac yn aml byddent yn rhoddi bonllef
grugleisiol, fel y dyrfa fawr wyllt a hurt honno a grochlefodd am
ryddhad Barabas.

Y peth cyntaf y sylwais arno oedd nad oedd anghen gofyn i'r un
frân pa un o'r cant oedd y troseddwr, a pe bai gofyn arnaf ei bwyntio
allan hawdd fuase hynny o ddwy filiwn o frain. Nid buan yr anghofiaf
yr euogrwydd gweladwy hwnnw oedd ar bob cymal ac ystum o'i gorff;
yr oedd fel pe bae baich pechod byd y brain oll arno fo, yr oedd wedi
gollwng ei ddwy adain yn llipa laes wrth ei ochr gyda'i ben yn ei bluf
a'i gylfin yn gorffwys ar ei fynwes.

Ceisiodd yr hen greadur bach ddianc ond i ddim pwrpas. Cyn iddo
allu codi teirllath oddi ar garped gwyrdd y llys, yr oedd pedwar
ohonynt wedi ei gael i lawr yn gynt o lawer nag yr aeth i fyny, ac yn
rhyfedd iawn, yr un pedwar oedd yn ei gyrchu bob tro, ac yntau yn
sgrechian, y sgrechian poen hynny a dynnodd fy sylw pan eisteddwn
ar y bont.

Ymbil

Cyn gynted ag y cafodd ei draed ar lawr ac iddo ei feddiannu ei hunan dechreuodd ymbil yn dorcalonnus ac wedi iddo ddistewi aeth y cwrt yn ferw gwyllt drwyddo draw, y clebran a'r crawcio aflafar yn dod o bob cyfeiriad, ac yn arbennig un, rhyw hen frân gloff, oedd i bob golwg ei elyn pennaf yn y llys.

Aeth rhai yn afreolus iawn gan ddechrau ymladd yn ffyrnig â'i gilydd, a naturiol oedd i mi feddwl mai perthnasau agos y truan oeddynt hwy; ond er cymaint y clebran a'r ymladd treiddiodd crawc cras yr hen farnwr du drwyddynt gan hawlio distawrwydd yn y llys, ac fe lwyddodd hefyd; gallasech glywed pin yn disgyn am oddeutu pymtheg eiliad.

Torrwyd ar y distawrwydd gan y barnwr, crawciodd ei siars i'r rheithwyr, cafodd y truan garcharor gyfle eto, ei gyfle olaf i bledio'n ddieuog, ond hawdd oedd canfod bod ei deimladau yn ei lwyr orchfygu gan na allodd ddweud ond ychydig, a'r ychydig hynny yn floesg iawn.

Dyfarniad

Wedi rhyw ddwndro aneglur trwy'i gilydd, hawdd canfod erbyn hyn fod y llys yn tynnu tua'r terfyn. Gwelwn y fintai fawr yn closio ymlaen i wrando dyfarniad y barnwr; rhoddodd yntau hi mewn byr grawcian sych, caled a dideimlad, ac yn wir, cyn o'r bron iddo orffen rhuthrodd nifer ohonynt ar y truan bach a'i gael dan eu traed, a phob un ohonynt a'i holl egni yn ceisio rhoi terfyn buan ar ei fywyd, a'r greulonaf ohonynt oedd yr hen frân gloff, ac yntau druan bach yn gweiddi am drugaredd. Gresyn dweud mai angau fu ei gymwynaswr cyntaf, a minnau ei gymwynaswr olaf.

Tra bu'r dienyddio yn mynd ymlaen sylwais na pheidiodd y dyrfa fawr a chrochlefain yn drwstfawr. Diben hynny efallai, oedd ceisio boddi sŵn poen y truan oedd dan yr arteithglwyd fel byddai seindorf fyddarol yr hen Dr Sackwa ers talwm.

Rhyw gerdded yn anesmwyth o gwmpas yr oedd y barnwr hyd nes gorffennwyd yr anfadwaith, yna lledodd ei esgyll duon, a gyda rhyw oernad annaearol cododd i'r entrych ar ei hediad gan gyfeirio tua Harlech, a'i osgorddlu i'w ganlyn.

Wedi'r gosb

Wedi iddynt hedfan o amgylch y llys am ysbaid cyfeiriodd pob brân am ei nythfa'i hun, amryw ohonynt am y creigiau cyfagos, eraill am y Dduallt i Glogwyn Jacdoau, eraill am Glogwyn Daniel, pan oedd hwnnw ar ei draed, a'r gweddill am Graig Dipiau a Nyth y Gigfran. Wedi i'r olaf ohonynt fynd ddigon pell codais innau o'm cuddfa, a cherddais ymlaen yn wrol ar hyd lawnt y cwrt. Ond er fy mod yn gwybod i sicrwydd fod y frân olaf wedi cefnu, ni allwn er fy mawr wroldeb roddi cam ymlaen heb edrych tuag i fyny rhag ofn i'r brain, fel cŵn droi'n ôl at eu chwydfa.

Ond cefais berffaith lonydd i gyrraedd y frân na chododd, ac wedi edrych arni am ysbaid codais y corpws briwedig a llipa yn fy nwylo. Wel, a dweud y gwir yn onest, ni welais erioed greadur mor ddifrif yr olwg arno, nid oedd arno asgwrn cyfan yn ei holl gorff, ei lygad yn ddwy ffynnon o waed, a'i dafod yn gorn caled dulas, ei gorff yn hanner noeth, gyda'i blu gloywddu ar lawr yn ddu goch gan waed.

A dyma mae'n amlwg yw penyd eithaf cyfraith y brain wedi ei gweithredu i eithaf llythyren y gyfraith franyddol.

Pa drosedd

Pe meddwn ganpunt ar y pryd, fe'i rhoiswn yn llawen i unrhyw ddoethor neu ddewin pe medrai ddatrys i mi ddau ddirgelwch. Yn gyntaf, cael cyfieithiad llawn a chywir i'r Gymraeg o'r iaith franyddol o weithrediadau cyflawn cwrt mawr y brain a welais y prynhawn rhyfedd hwnnw. Yn ail, cael gwybod pa ddeddf neu pa un o orchmynion llywodraeth y brain a droseddwyd gan y truan oedd yn fy llaw. Meddyliais wrth edrych arno, tybed mewn difrif mai llofrudd ydoedd a lofruddiodd mewn gwaed oer rai o'r anwyliaid?

Ond efallai mai lleidr oedd, ac mai tamaid o gaws a fu achos ei farw cynnar. Meddyliais wedyn, efallai fy mod wedi ei gam-farnu ac mai merthyr gwrol oedd y truan bach a ferthyrwyd am iddo godi ei lef ynghylch tenantiaeth annheilwng Castell Harlech, ac nid amhosibl iddo fod wedi codi yn erbyn rhyw hen unbennaeth gormesol, brwnt a chreulon. A gan gofio, tybed mai yr hen frân gloff ydoedd hwnnw?

Na, nid hyn

Yr wyf yn gwybod i sicrwydd, meddwn wrtho, na thwyllais dy lywodraeth ynglŷn â'th ddogn bwyd, am nad oes y fath beth yn bod arnat ti mewn amser o ryfel na heddwch.

Na, mae dy brydau bwyd di ar amser yn sicr, cyflawnder ar dy gyfer di a'th hil gan fod y Crëwr wedi sicrhau hynny cyn dy eni di na'r un frân arall. "Efe sydd yn rhoddi i'r anifail ei borthiant, ac i gywion y gigfran pan lefant, a hwy a ddiwellir."

Wedi methu datrys na dyfalu ei dynged alaethus, gofynnais iddo ddadlennu cyfrinach ei drosedd i mi. Rhoddais fy ngair na fradychwn ei gyfrinach i'r un frân wen na du, nac ychwaith ar goedd gwlad, na byd. Ond yr unig atebiad a gefais oedd, diferion o waed coch cynnes ar gledr fy llaw gan redeg i lawr yn gylch coch am drydydd bys fy llaw aswy. Edrychwn yn syn ar y cylch coch oedd yn brysur fferru a chefnais yn sydyn. Onid dyma benyd eithaf cyfraith y brain i bob brân a fethodd ag ennill cymar bywyd iddynt eu hunain?

Ei roi i orffwys

Doedd bellach ond i mi ei roddi i dawel orffwys yng nghysgod llwyn o ddail bytholwyrdd ar lan yr afon oedd gerllaw. Credwch fi neu beidio, ni allwn feddwl troi fy nghefn arno heb gynnal gwasanaeth claddu byr a digysur y creaduriaid iddo. Tynnais fy nghap yn ddefosiynol ac adroddais y geiriau:

Ti o guddia dy wyneb, hwythau a drallodir; dygi ymaith eu hanadl a threngant, a dychwelant i'w llwch. Yna cyfeiriais innau fy nhraed am gartref yn drist, a llawen, yn drist am yr olygfa boenus, ond yn llawen am y fraint o gael bod yn un o'r etholedigion prin hynny o fod yn llygad-dyst o Gwrt Mawr y Brain.

Mae llawer blwyddyn wedi dirwyn oddi ar rwymyn amser er hynny, ond 'rwyf wedi diolch filoedd o weithiau nad Meg, caseg Tom O'Shanter, oedd Pont Talbont.

A dyna ni wedi cael rhannu profiad bythgofiadwy Alun Williams, sef un o'r ychydig rai a fu'n llygad dyst i 'lys y brain'. Ar adegau, fel y crybwyllais eisoes, byddai'r ddedfryd yn golygu crogi'r truan, a'r modd y gwneid hynny oedd gosod pen y troseddwr rhwng fforch canghennau coeden, a gadael gweddill y corff i hongian. Ar ôl y dienyddiad byddai'r holl frain yn ehedeg yn ôl i'w clwydfan. Rhyfedd o fyd, yntê? Gweler hefyd 'cynhebrwng brân' a 'priodas y brain'.

cydyn coch – math o bysgodyn (Ynys Enlli)

cynhebrwng brân –

1. haid o frain yn hedfan yn unionsyth trwy'r awyr, ac fel rheol yn anelu am eu nythle.

2. haid o frain yn un criw mawr yn yr wybren ac yn crawcian dros y lle.

3. llys y brain, yn ôl rhai eraill.

daear cathod – daear neu ffau lle byddai cathod gwyllt yn gwneud eu cartref. Gwn am un lle yng ngodre Moel Siabod yn dwyn yr enw hwn.

dawns y dail – pan fydd dail yr hydref yn cael ei chwythu a'u taflu ogylch y ffyrdd a'r lawntiau ac yn rhoi'r argraff eu bod yn dawnsio â'i gilydd.

deryn dan garreg – enw arall ar yr aderyn 'tinwen y garn'.

doctor coch a nyrs wen – enwau'r plant ar ŵr a gwraig y pysgodyn bach a elwir 'crothell' gan rai (S. *stickleback*).

ffrwdel – dail a brigau yn bentwr mewn afon ar lif. Gair sir Feirionnydd.

ffrwyth y diafol – cnapiau ar goed rhosod (S. *rose pea gall*)

gogyrogo – un o eiriau Dyffryn Conwy am fath o ffwng ysgwydd a dyf ar goed bedw (*Piptoporus betulinus*, S. *birch polypore*). Gweler llun ohono gyferbyn. Gwneid sawl defnydd o'r ffwng hwn ers talwm, e.e. defnyddid ef yn aml ar gyfer hogi llafnau raseli eillio. Byddai'r genweirwyr yn ei ddefnyddio i ddal eu plu pysgota a byddai rhai yn gwneud defnydd meddygol ohono trwy ei osod ar gorn ar fysedd troed. Dywedir bod Ötzi, sef y gŵr a ddarganfuwyd yn rhew yr Alpau yn 1991, ac yn dyddio o tua 3,300 Cyn Crist, yn cludo peth ar gyfer cynnau tân, neu, o bosib, fel defnydd meddyginiaethol.

gwallt y ddaear – math o fwsogl (*Polytrichum commune*)

gwawldan – math o ffwng yn goleuo yn y tywyllwch. Dyma air o'r gyfrol *Seiat Byd Natur* (1971) amdano:

> Mae 'na lawer wedi gweld darn o bren neu goeden fel petai ar dân, a'r rheswm ydy bod math arbennig o ffwng yn byw ar y pren. Mae'r ffwng yma yn *phosphorescent* neu yn *luminous*. Rydw i'n credu mai'r gair Cymraeg amdano ydy 'gwawldan'.

gweinidog yr adar – enw a ddefnyddiwyd yn y chwarel am geiliog mwyalch y mynydd am ei fod yn ei gôt ddu a choler wen.

Gogyrogo

gwenyn bach duon Cymreig – gwenyn a geid yng Nghymru gynt

gwenyn daear – gwenyn bach sy'n byw yn y ddaear. Teulu'r *andrenidae*.

gwenyn William Morris – hen wenyn Cymreig a gedwid gan William Morris, Ynys Môn, sef un o Forysiaid Môn.

gwgw-gws – mochyn coed, conyn pinwydden. Ardal Penmachno (S. *pine cone*).

ieir Dafydd Rabar (h.y. yr Aber) – enw pobl Caernarfon a'r cyffiniau ar wylanod y môr. Roedd gan Dafydd Pritchard neu Dafydd yr Aber gwch fferi i groesi'r aber ger y castell.

ieir Dafis Bermo – enw digri pobl Ardudwy ar wylanod y môr. Roedd David Davies, Abermaw, yn adnabyddus iawn fel contractwr ffordd fawr yn ei ddydd.

llus y geifr – math o lus bach coch a geir ar rostiroedd

llygad Siwsan – blodyn, sef y fioled, llysiau'r drindod (Llŷn)

llys y brain – enw arall ar 'Gwrt Mawr y brain'

marblen goed – math o dyfiant ar ganghennau coed derw; afal y derw (S. *oak gall*).

plys poced – pys poced yn ôl GPC, sef plîs poced, cnau coblo, 'concers' (Eryri a Dyffryn Conwy).

pren golau – math o ffwng yn goleuo yn y tywyllwch. Cyfeiria Tegla ato yn ei gyfrol *Gyda'r Blynyddoedd* (1952):

> Rhoddid y pris uchaf oll, fodd bynnag, am ddarn o bren golau. Byddai rhywun wedi dyfod ar draws hen geubren a'i du mewn yn olau, a thorri darn o'r pren pwdr, a byddai'n goleuo yn y tywyllwch fel pryf golau. Deallaf mai rhyw ffwngws ynddo a achosai'r goleuni, ond i ni'r plant yr oedd y peth yn ddirgelwch dwfn.

priodas brain – pan fydd y brain yn heidio yn ddi-drefn yn yr wybren – arwydd o dywydd mawr. Yn ei ysgrif ar 'Ydfrain' yn *Cymru*, Mawrth 1911 dywed Richard Morgan:

> pan welem, a ni'n blant, haid o Ydfrain yn mynd drwy eu hantics arferem waeddi, neu chantio, fe allai:
>
> 'Priodas y Brain, priodas y Brain
>
> A'r gŵr a'r wraig yn ola!'
>
> Credem mai priodas gymerai le yn eu plith, a mai dyna eu ffordd hwy o ddathlu.

pry bach Beddgelert – math o bry neu chwilen fach a fyddai'n aflonyddu ar geffylau ers talwm. Roeddent yn gyffredin, yn ôl pob sôn, yn ardal Beddgelert yn ystod gwres yr haf.

pry traeth – y pysgodyn a elwir yn 'pigyn astrus' gan rai (S. *weever fish*).

pysgod Iesu Grist – sef yr un â 'sil y bodiau'. Dywedir ar lafar gwlad mai ôl bodiau'r Iesu sydd ar ochrau corff y pysgod bach hyn.

rhithod – gwlithod bach o liw gwyn (Bangor a'r cyffiniau)

senedd y brain – yr un fath â 'cwrt mawr y brain' a 'llys y brain'

sgadi farn – math o bysgodyn. Y gwyniad barfog, efallai (Maldwyn)

siacar goch / sucar goch / secar goch – cimwch Mair (S. *marine crayfish*) (Penrhyn Llŷn)

sidan bengoch – math o blanhigyn a ddefnyddid i doi tai. Yn ôl Eurwyn

Williams yn ei gyfrol *Y Bwythyn Cymreig* (2010), gwelltyn a dyfai mewn corsydd ac ar dir mawnog gwlyb ydyw. Tyfai'r gwelltyn hynod wydn hwn i uchder o tua troedfedd a hanner i ddwy droedfedd a thynnid ef o'r gwraidd yn hytrach na'i dorri.

sil y bodiau – yr un fath â 'pysgod Iesu Grist' (Caernarfon a'r cylch)

sioni dau gorn – math o chwilen fawr efo dau gorn fforchiog (S. *stag beetle*).

sioni naill ochr – berdysen, (S. *shrimp*)

syrth y sêr / grifft sêr / pwdre sêr – y mae cryn ddiddordeb wedi bod yn y sylwedd llysnafog hwn yn ddiweddar, ac mae hi'n dal yn ddirgelwch beth ydyw mewn gwirionedd. Ymdebyga i ddarnau o rew neu rifft tryloyw yn aml iawn. Byddid yn ei ddefnyddio ers talwm ar gyfer gwneud eli i wella defaid ac anhwylderau eraill.

twm dew – enw'r hogiau am y dyfrgi neu ddwrgi (Ardal Nantmor)

wil mynydd – pibydd y dorlan, *Actitis hypoleucos* (S. *Common sandpiper*)

wil piser hir – math o gleren, neu bryf (S. *St Mark's fly*)

wili tshieinî (Wili Chinee) – math o bysgodyn, sef y gwyniad barfog

wili-wyn – math o wybedyn mawr a geir mewn rhai coedlannau

Natur y Byd

Rhyw air neu ddau am natur y ddaear a'i chyfansoddiad sydd yn rhan hon:

bygerw – math o ddolomeit a geir yn rhai o greigiau Eryri

calchfaen Aberhirnant – math o galchfaen a geir yn ardal y Bala

calch glas – yn ôl nodiadau Edward Llwyd ceid 'kalch glas wrth y Rhiwaedog' ger y Bala, sir Feirionnydd.

calch llwyd – cyfeiria Peryddon at y calch hwn yn ei golofn 'Hen Draddodiadau a Hen Gymeriadau' yn *Y Seren*, 1951:

> Y mae creigiau hefyd ym Mhenllyn a elwir y Siluriaid Uchaf ac Isaf. Gorwedda yr haenau uchaf ac isaf ar y Garneddwen a godrau Arenig. Mae Siluriaid Isaf ar y Garneddwen, Creigiau Llandeilo yng ngodrau Arenig ac oddi ar hynny Creigiau Caradog, neu Y Bala, yn cyrraedd o Lanuwchllyn i Bodwenni; ac olrheinia y ddaeareg yn drwyadl drwy Benllyn gyfan gan nodi fod dwy haen o garreg i'w cael ym Mhenllyn,

sef y 'Calch Llwyd' a'r 'Garreg Lwyd'. Llosgwyd llawer o galch llwyd ym Mhenllyn yn yr oes o'r blaen, fel y tystia yr hen Odynau Calch. Calch at ei gymhwyso i'r tir oedd, ond dywed iddo glywed fod Maes Meillion ym mhlwyf Llangywer, wedi ei adeiladu ag ef.

callestr melyn – math o gallestr prin a geir yn rhai o greigiau Eryri

carreg grwydr / cerrig crwydr – cerrig wedi eu cludo gan y rhewlifoedd ac wedi eu gadael ar greigiau a bryniau. Enw arall arnynt yw 'cerrig defaid', gweler y llun isod o *Cymru* XXV, 1903).

CERRIG DEFAID NEU GERRIG CRWYDR.
(Roches ˙Moutonnees).

catiau tylwyth teg – math o gerrig a geid mewn ogof gerllaw Trwynswch, plwyf Ysbyty Ifan, yn yr hen sir Ddinbych.

gorlech – math o gerrig ar ffurf crwbanod yn aber Afon Gorlech, yn Abergorlech, sir Gaerfyrddin.

hufen yr harn – sylwedd olewaidd a geir pan fydd dŵr yn llifo dros gerrig haearn (Morgannwg).

llwydlech – llechfaen o liw llwyd neu ddu, a geir yn ardal Dolwyddelan yn yr hen sir Gaernarfon.

ogla dydd a nos – dyma ystyr yr ymadrodd hwn yn ôl Ioan Brothen:

Hen Ofergoel

Yn nhymor y gaeaf, dyweder o Dachwedd hyd Fawrth, cyfyd arogl sur, anhyfryd o'r ddaear mewn ambell i lecyn. Digwydd hyn yn y plygain, pan wedi dechrau dyddio. Clywais yr arogl ugeiniau o weithiau wrth fyned at fy ngwaith i'r chwarel. Yr enw glywais gan fy nhad arno oedd 'Ogla dydd a nos', a dywedai bod yr hen bobl yn dweud, a rhai yn credu, mai arogl brwmstanaidd y diafol oedd, heb ddiflannu ar ôl ei deithiau hwyrol ... Yn ôl hynny o sylwadaeth a barn a feddaf fi, bodlonais fy hun drwy hir sylwi, mai o'r mannau lle mae mwyaf o leithder yn y ddaear y cyfyd yr arogl, a ddiflanna yn hollol wedi iddi ddyddio. Myn rhai pobl haeru mai pan oedd y Babaeth yn flodeuog yn ein mysg fel cenedl y daeth yr holl ofergoelion a fu, ac sydd yn cael eu hadrodd ar hyd a lled ein gwlad. Ond credaf y bu llawer o'r hen werinwyr piwritanaidd mor fywiog eu dychymyg, ac mor hygoelus a hwythau. Nid wyf yn cofio i mi weld un cyfeiriad mewn argraff at yr ofergoel uchod erioed.

padellau'r cewri – pantiau crwn mewn craig sy'n ymylu ar afon neu nant a ffurfiwyd gan flynyddoedd o ddŵr chwyrnellog yn troelli ar y fan a'r lle.

pilgraig – math o siâl

pwll gro – twll lle codir gro ar gyfer atgyweirio ffyrdd ayyb. A throi tudalennau *Baner ac Amserau Cymru* 23 Mawrth 1864 cawn:

> Cafwyd hyd yn ddiweddar i weddillion corph dyn ieunangc mewn pwll gro, tu cefn i Lodge Cadnant, Pont y Borth. Bernir iddo fod yn un o'r lladdedigion mewn brwydr a gymerodd le yn amser Oliver Cromwell.

sblent –

1. darn o graig wedi syrthio. Ceir hen ddywediad yn y chwareli – 'Yn y nos y mae creigiau yn symud'. Yn aml iawn, daw rhwb neu gwymp i lawr yn ystod oriau'r nos.

2. gall sblent olygu rhew trwchus hefyd.

sialen galed – siâl caled

sialen feddal – sialgraig feddal

siyrcan – math o graig galed a geir yn rhai o'n chwareli (S. *chert*)

suntur llwyd – y tir caled naturiol a geir wrth dyllu drwy bridd y ddaear.

suntur melyn – yr un fath â'r uchod o liw melynaidd, ychydig islaw'r suntur llwyd.

twll marl – byddai llawer o dyllau ar gyfer codi marl neu bridd cleiog ar ochr rhai o ffyrdd y wlad ers talwm. Defnyddid ef i lenwi pantiau yn yr hen ffyrdd llwch. O dro i dro, digwyddai damweiniau ynddynt drwy i'r tir redeg a chladdu'r gweithwyr. Byddai un o'r cyfryw ar ochr yr hen ffordd ar riw Dol-wen rhwng Pen-y-cefn, Tanygrisiau a Thyn-y-cefn ym mhlwyf Ffestiniog, a gelwid un ohonynt yn 'Dwll marl Siôn El' pan oeddem ni'n blant. Deuthum i ddeall ymhen blynyddoedd wedyn pam y galwyd y lle wrth yr enw hwn. Yno, tra oedd wrth ei waith, y lladdwyd John Ellis Roberts, trwy ddamwain ym mis Gorffennaf 1901. Clywid sawl un yn dweud eu bod wedi gweld ysbryd yno, a byddem yn rhedeg heibio'r lle gyda'n gwynt yn ein dwrn unwaith y dechreuai nosi. Mae hi'n amlwg mai rhyw le tebyg oedd ger yr ysgol yn Llanfrothen ar un adeg yn ôl yr englyn canlynol i'r 'Twll Marl' o waith Pedr Brothen:

> Trwy wyll y nos, llawn trallod – yn yr hafn
> I'r ofnus ei gysgod;
> Dyma'r fan r'arfera fod
> Ugeiniau o fwganod.

tymogau – tyrau o fawn mewn mawnogydd (Dinas Mawddwy a'r cyffiniau).
yr haen werdd – haen o graig a orwedda o dan y grutfaen Cambriaidd yn Eryri.

Y Tywydd

Nid oes dwywaith amdani bod llawer iawn wedi ei ysgrifennu eisoes am eiriau llafar gwlad a dywediadau ynglŷn â'r tywydd. Y mae Twm Elias wedi cofnodi a thrafod sawl agwedd parthed ein tywydd yn ei gyfrol ragorol *Am y Tywydd* (2008). Serch hynny, credaf y gallaf ychwanegu un neu ddau at y casgliad eto:

awel dawel dywyn – awel ysgafn gynnes yn chwythu o'r de neu'r de-orllewin.
briwlan – bwrw glaw mân yn nhafodiaith Brycheiniog
bwrw barrug – bwrw y peth agosaf i rew mân, mân
bwrw llaeth a menyn – cyfeiriad at law tyfu sydd yma
bwrw clochau – glawio ar ddŵr afon neu lyn (Môn)

caddug Caer – niwl a ddaw i fyny'r Ddyfrdwy i Lyn Tegid yn Y Bala. Fel rheol, y mae'n arwydd o dywydd braf i'w ganlyn (Ardal Penllyn).

cawod y fendith – y gawod gyntaf ar ôl sychder maith

cenllysg fel wyau ieir – ar adegau neilltuol ceir cawodydd o genllysg neu gesair o faint anghyffredin, rhai cymaint ag wyau ieir neu beli golff.

cestyll duon – cymylau duon (Ceredigion)

crasod – yn ôl llythyr J. Heddwyn Jones, Dwygyfylchi yn HC 8 Rhagfyr, 2010:

> ... nid dŵr wedi rhewi fel cenllysg yw crasod. Mae eu ffurf fel cenllysg ond yn lliw gwyn glaerwyn, fwy fel eira wedi ei rewi. Dywediad ganddo yw 'cenllysg i eira – crasod i law'. Y mae gan GPC gyfeiriad at 'casnod' am fath o eira.

crest – cenllysg bach sych tebyg i eira (Ardudwy)

cŵn duon Caernarfon – cymylau glaw tywyll yn dod o gyfeiriad Caernarfon (Bala a'r cyffiniau).

cŵn gwynion – cymylau gwyn cyrliog yw'r rhain

cymylau llanw – dywed rhai, pan fydd yr wybren las yn yr haf yn cael ei chymylu yn sydyn am ysbaid rhwng rhyw un a phedwar o'r gloch y prynhawn, mai 'cymylau llanw' ydynt, ac unwaith y bydd y llanw ar drai daw'n heulog drachefn.

chwythiad glaw – ar adegau pan fydd tywydd teg ar droi, ceir naws glaw yn y gwynt. Mae rhai sydd wedi arfer bod allan mewn pob math o dywydd yn gallu adnabod yr arwydd hwn yn reddfol. Dyma gyfeiriad o Ddyddiadur Daniel Williams, Bryn Tawel, Dolwyddelan, at yr union beth – 10 Ebrill 1896: 'Chwythiad glaw yn y gwynt heno'.

eira ŵyn bach – eira yn ystod misoedd Ebrill a Mai (ardaloedd Eryri)

Ffenest y Nant – bwlch yn Nant Ffrancon a ddefnyddir yn arwydd tywydd da neu ddrwg. 'Ydi ffenest y Nant yn agored heddiw? (ardal Bethesda, Tregarth a Llandygái).

gaeaf glas – gaeaf tyner

glaw cyn saith y bora, diwrnod braf a ddilyna – yn aml iawn, yn dilyn glaw tros nos ceir tywydd sych neu heulog ar ôl rhyw saith y bore.

glaw Ffair Llan – glaw cyson ogylch 13 Tachwedd, pan gynhelir Ffair Llan Ffestiniog.

glaw gogr sidan – glaw tyner y gwanwyn

glaw gwenyn – glaw ysgafn cynnes yn y gwanwyn neu'r haf

glaw mawr – ceir lliaws o hanesion am lawogydd mawr tros y blynyddoedd a rheiny yn achosi llifogydd garw. Dyma hanes un ohonynt o Lawysgrif Ychwanegol 15,059 yn yr Amgueddfa Brydeinig:

> Llif mawr yn afon Alwen Mehefin 20, 1781:-
>
> Gwlaw mawr a thranau o ddau o'r gloch hyd saith. Yr oedd mor dywyll fel nad ellyd weled braidd heb oleu cannwyll yn y tai. Y boreu yn wresog iawn hyd ganol dydd - y gwlaw ni chyrhaeddodd y glaw ddim ymhell i'r ddaear ac nid oedd ond lli bychan yn afon Llangwm. 3 llath o ddwfr yn Eglwys Llanfihangel* – wedi difetha y ffenestri a'r llyfrau – bwrw i lawr Bont ar Alwen. Canllawiau pont Llanfihangel, Llyn y Gigfran a'r Bettws – anrheithio Dolydd yr Hendre, Hafodwen, Dolyperson, Dolydd Cefnypost.
>
> * sef Llanfihangel Glyn Myfyr

glaw mawr Rhys Lewis – enw pobl plwyfi Llangwnnadl a Bryncroes ym mhenrhyn Llŷn ar y llifogydd mawr a gafwyd ar Sul, 28 Awst 1910. Enwyd y glaw ar ôl y Parchedig Rhys Lewis, Betws Garmon, a oedd yn pregethu yno y Sul hwnnw.

glaw'r dyddiau:

Glaw Difiau*, bery dridiau (* sef dydd Iau)

Glaw dydd Gwener, glaw at yr hanner

Glaw dydd Sadwrn, glaw at yr asgwrn

Glaw dydd Sul, glaw trwy'r dydd

Sul teg, wythnos lawog

glaw Stiniog – glaw cynddeiriog. Mae'n wir bod ardal Blaenau Ffestiniog yn tueddu i gael ei siâr o law. Cyfansoddodd Dr Robert Roberts, 'Isallt', benillion am hyn. Dyma un ohonynt:

> Mae hi'n bwrw yn y Blaena'
>
> Fel y dilyw amser Noa
>
> Dyfn o deirllath a saith modfedd*
>
> Ddiwall union fwriodd llynedd.

*Cyfeiriad at fesur y glaw yn 1907 sydd yma, sef 115 o fodfeddi.

gwlith Ebrill – gwlith llesol i'r borfa a'r cnydau. 'Gwlith Ebrill a wna i'r amaethwr ganu fel yr eos.'

gwynt cynhaeaf ŷd – gwynt cynnes o'r de-orllewin (Arfon). Yn y gyfrol *A Glossary of the Demetian Dialect* (1910) gan W. Meredith Morris, cawn gyfeiriad at 'wynt cynhaeaf mawr' yn sir Benfro.

gwynt mawr Beddgelert – y mae hanes y gwynt hwn yn un eithriadol. Dyma atgofion Dafydd Pritchard, Cwm Cloch, Beddgelert amdano o gyfres 'Llith Bob Owen' yn yr *Herald Cymraeg* 1950:

> Un gwanwyn daeth yn storm o wynt nerthol trwy'r gymdogaeth, gan wneuthur galanastra ar bob llaw ac un o ganlyniadau'r storm oedd mynd â thas wair Perthi Uchaf i ffwrdd bob blewyn.
>
> Gan i mi grybwyll am y gwynt hwn, a ddigwyddodd tua'r flwyddyn 1833, gallwn nodi dau amgylchiad arall. Un ar Bwll Coch ar dir Hafod Ruffydd. Yr oeddynt wedi myned â throl i fyny yno i deilo, a dechreuodd y ddrycin. Gollyngwyd yr anifail yn rhydd o'r drol ac fe'i rhoddwyd ar y 'fran' erbyn bore drannoeth. Wedi i'r storm liniaru ychydig aed i chwilio am y drol, a chafwyd hyd iddi wedi ei chario yn ystod y rhuthrwynt tua 300 llath a'i llorpiau o'r golwg yn y ddaear, ar eu pennau yn syth a'r ddwy olwyn i fyny yn glir o'r ddaear, a gellid eu troi fel olwynion troell.
>
> Y digwyddiad arall oedd chwythu gwyddau Cae'r Gors na welwyd yr un bluen ac na chlybuwyd mo'u clegar o fewn y plwyf hyd y dydd heddiw.

gwynt talcen tarw – gwynt sy'n creu crychni ar wyneb llyn neu bwll. Clywir 'mae ychydig o dalcen tarw ar ochr bella'r llyn' gan ambell bysgotwr. Efelychiad o grychni a geir ar dalcen tarw du Cymreig (Bethesda a Bangor, Arfon a'r cylch).

gwynt taranau – awel gref, gynnes, yn rhagarwyddo storm o fellt a tharanau.

ha' bach Dic Pengwern – haf bach Mihangel (Ardal Stiniog). Yn ei gyfrol *Iaith Sir Fôn* (1983) cyfeiria'r diweddar Athro Bedwyr Lewis Jones at 'ha' bach Mari Pant' yn ardal Niwbwrch, Ynys Môn, sy'n golygu'r un peth.

haul Thomas Parri – llygedyn o haul yn tywynnu trwy'r cymylau am ysbaid ond yn para dim a'r wybren yn cymylu drosti drachefn (Plwyf Llanfrothen).

hem wen Gwryd, glaw mawr enbyd – cyfeiriad at linell wen o gwmwl ym Mhenygwryd sydd yma (Ardal Nant Gwynant a Beddgelert, Arfon).

heth Bob Roberts – heth yw tywydd mawr o eira a rhew. Collodd Robert Roberts ei fywyd wrth groesi'r mynydd o dref Blaenau Ffestiniog i Gwm Penmachno yn ystod heth fawr 1895. Dyma'r hanes yn gryno:

Ar fore dydd Llun, 28 Ionawr 1895, anfonwyd brysneges o Ddolwyddelan at Robert Roberts, Tyddyn Bach, Cwm Penmachno i ddweud nad oedd ei frawd William Roberts, Minffordd, Dolwyddelan, na'i chwaer a edrychai ar ôl y tŷ iddo, yn hanner da. Yn ddiymdroi, cerddodd Robert Roberts, ac Evan Davies, gynt o Lechwedd Hafod, trosodd yno i'w gweld nhw. Ar ôl bod yno am beth amser trodd y ddau am adre. Pa fodd bynnag, ceisiodd rhai eu darbwyllo i aros yno tan y bore trannoeth gan fod y tywydd yn afrywiog ac eira trwchus ar rannau o'r mynydd.

Roedd arwyddion y byddai'n gwneud mwy o eira yn y nos hefyd. O ganlyniad, penderfynodd y ddau ddal y trên, sef yr un ychydig wedi naw yr hwyr o Ddolwyddelan i Flaenau Ffestiniog. Wedi cyrraedd y Blaenau, ymlwybrodd y ddau i fyny ar hyd ffordd haearn Rhiw-bach. Ar ôl iddynt ymlafnio i gyrraedd gwastad Llynnoedd Bywydd roedd hi'n bwrw eira yn iawn a dechreuodd luwchio'n arw. Roedd y gwynt yn oer gythreulig ac yn chwythu'r eira i'w llygaid. Ceisiodd Evan Davies gymell ei gyfaill i droi'n ôl am Dŷ'r Mynydd ac aros yno hyd y bore. Ond, gan fod Bob Roberts eisiau mynd i Lanrwst ar fusnes y bore trannoeth, penderfynu mynd yn eu blaenau a wnaethant. Pan gyrhaeddasont chwarel Cwt y Bugail bu'n rhaid iddynt ymochel yno am ysbaid rhag y tywydd mileinig. Yna, oddeutu hanner nos, mentrodd y ddau i lawr am y cwm, ond daeth yn storm eira hegar iawn a chollasant ei gilydd ar y mynydd. Gwaeddodd Evan Davies ar ei gyfaill, ond ni chlywodd ateb o unman ac ni allai weld dim oherwydd yr eira a'r oerwynt. Bu am beth amser yn chwilio amdano ond gan iddo fethu â chael hyd iddo gwnaeth ei ffordd i lawr i'r Cwm ac aeth ar ei union i gartref Robert Roberts.

Roedd hi'n chwech o'r gloch y bore arno yn cyrraedd tŷ ei gyfaill ond pan ddeallodd nad oedd Bob Roberts wedi llwyddo i gyrraedd adref fe'i brawychwyd yn enfawr. Ymhen dim, ac ar ôl i'r cymdogion glywed y newyddion, ymgynullodd nifer o ddynion ac aethant i chwilio amdano, ond pan gyrhaeddodd rhai ohonynt Chwarel Rhiw-bach, derbyniasant y newydd trist fod corff Bob Roberts wedi ei ddarganfod yn yr eira. Dywedir mai Mrs A. Edwards, Glan y Gors (Barics y Cae ar lafar), Rhiw-bach, sef mam y diweddar Dafydd Edwards, 11 Stryd Fawr y Blaenau, a ddarganfu corff y truan, a hynny ond rhyw ganllath a hanner oddi wrth ei chartref. Sylwodd Mrs Edwards ar ryw glwt tywyll yn yr eira gwyn, ac aeth draw ato i weld beth ydoedd, ac er braw mawr iddi hi, canfu gorff y trancedig yno. Roedd wedi fferru i farwolaeth.

Ymhen ychydig wedyn rhoddodd gerrig gwynion ar y man lle collodd Bob Roberts ei fywyd ar y noson fythgofiadwy honno. Gosodwyd carreg las (llechen) yn eu plith gan rywun arall a cherfiwyd englyn Dafydd Ddu Eryri yn amrwd arni hi, sef yr un a gyfansoddwyd i John Closs flynyddoedd ynghynt:

> Oerfel fu uchel achos – i angau
> Llym ingol ymddangos;
> Mantell niwl mewn tywyll nos
> A dychryniad dechreunos.

Bu sôn am aeaf caled 1895 am flynyddoedd lawer wedyn a chyfeirid ato fel yr 'Heth fawr' gan ein teidiau a'n neiniau. Pa fodd bynnag, anfarwolwyd enw Bob Roberts, Tyddyn Bach gan hen drigolion Cwm Penmachno a'r gymdogaeth mewn cysylltiad â'r tywydd eithriadol a ddioddefwyd y gaeaf hwnnw, a'u henw nhw arno oedd 'Heth Bob Roberts'.

Mr Dafydd L. Edwards yn sefyll wrth y garreg sy'n nodi'r fan lle cafwyd hyd i gorff Robert Roberts yn yr eira y bore trannoeth.

heulo yn rhy fore – dyna a ddywedwn yn aml pan fydd y bore cyntaf yn braf ond y tywydd yn troi tuag at ganol dydd. Ceir y dywediad hwn yng Ngheredigion amdano: 'y diwrnod yn codi yn rhy fore'.

llif mawr Llanllyfni – daw'r hanesyn canlynol amdano o golofn 'Manion o'r Mynydd' gan Bob Owen yn *Herald Cymraeg*, 3 Mawrth 1952:

> Bu glaw ysgubol ar y dyddiad uchod yn ardal Cwm Dulyn, yn gymaint fel y chwalwyd pob pont oedd ar yr afon crychddwr hyd ei haber yn Afon Llyfnwy (Llyfni). Ymhlith y pontydd a ddrylliwyd yr oedd pont a godwyd gan y sir dair blynedd cyn hynny ar y ffordd newydd a

arweiniai i Benmorfa, ac un arall o wneuthuriad diweddarach a
arweiniai i Goed Cae Du, plwyf Llanllyfni, lle preswyliai Mrs H. Ellis.
Mor ddisymwth oedd chwalfa yr olaf fel yr ysgubwyd ymaith bob
mymryn ohoni, a gadawyd ei gweddillion yn adfeilion di-siap. Bu
geneth a ddychwelai o odro yn ffodus o beidio myned gyda'r genllif.

maeth Ionawr – eira sy'n llesol i'r tir yn ôl yr hen bobl

mor dawel â thes mis Mai – y gwres yn codi yn raddol bach ac yn ddisylw.

mwrlaw – glaw mân (Môn)

niwl – clywir amryw o wahanol ymadroddion gennym pan fydd hi'n niwl
trwchus, e.e. 'mae hi'n niwl dopyn', 'mae hi'n niwl at y drws' neu 'mae
hi'n niwl at draed y gwely', ac un arall: 'mae hi fel cawl pys / sŵp pys'.

niwl Conwy – niwl gwyn a ddaw o gyffiniau Conwy ac ar hyd y glannau, y
dyffrynnoedd a chribau mynyddoedd Eryri, ac yn arwydd o dywydd gwresog.

> Niwl Conwy draw a ddaw i'n gŵydd
> Yn arwydd heulog dywydd.

niwl Cricieth – niwl sy'n arwydd bod y tywydd ar droi yn ardaloedd y
Waunfawr a Llanrug:

> Niwl Cricieth acw ddaw ar frys
> Yn wregys gylch y bryniau
> Ysgrympiau trymion fory fydd
> A thrennydd mellt a th'ranau

niwl llarpia – clytiau o niwl yma ac acw ar hyd ochr mynydd neu glogwyn.

niwl môr – sef niwl a ddaw o'r môr. 'Niwl o'r môr, glaw ar ei ôl.'

pen-blwydd mwnci – Dywediad yw hwn am yr adegau pan fydd hi'n glawio
ychydig ac yn tywynnu haul ar yr un pryd. Gan Glyn Jones, fy nghefnder,
y clywais hwn gyntaf. Yn ôl Elias Owen, awdur y gyfrol *Welsh Folk-Lore
– A Collection of the Folk-Tales and Legends of North Wales* (1896),
roedd hen ddywediad arall amdano yng Nghymru gynt, sef 'y mae'r gŵr
drwg yn waldio'i wraig'. Yn rhyfedd iawn, defnyddir yr un ymadrodd yn
Saesneg yn ne-ddwyrain U.D.A. Tybed sut ddaeth y dywediad hwn i'r rhan
hon o'r byd, ai rhai o'r Cymry a'i trosglwyddodd iddynt, neu a oes
esboniad arall? Dywedodd Dafydd Guto wrthyf, rai blynyddoedd yn ôl,
iddo glywed y canlynol gan wraig o ardal Bangor, a olyga'r un peth â'r
uchod: 'Mae'r diafol yn dangos ei gyrn'.

priodas brain – haid o frain yn hedfan trwy'r awyr. Mae'n arwydd tywydd garw mewn ambell le (gweler **Byd Natur**, t. 60 hefyd).

rhwd sychtwr – niwl tes

sgols cilciau – yr enw ar wynt o'r gogledd-orllewin ym mis Mawrth gan hen drigolion Ynys Enlli. Chwythai'r gwynt hwn tros yr ynys pan fyddai'r teisi gwair wedi mynd yn gilcynau ar ôl y gaeaf a dyna sut ddaeth yr enw arno.

Siôn a Siân – yr hen gwpwl sy'n darogan y tywydd o ddrws eu tŷ twt. Bu tŷ tywydd Siôn a Siân yn boblogaidd iawn mewn llawer cartre yng Nghymru gynt. Gweithiai gyda darn o dant perfedd (*catgut*) sy'n dal eu clwyd rhwng y ddau ddrws ffrynt. Trefnir i Siôn ddod allan gyda'r ambarel pan fydd y llinyn yn ymestyn ac i Siân ddod allan pan fydd yn byrhau. Effaith awyr llaith sy'n ymestyn y llinyn ac awyr sych yn ei gwtogi.

Yn ei ysgrif ar Cyfres Erthyglau Tywydd yng nghylchgrawn *Meirionnydd* 1946-7 dywed Ronald Thomas:

Tŷ Siôn a Siân

Gwn am un tŷ yn y Blaenau lle mae Siôn a Siân ar y silff ben tân (i fod yn farddonol am unwaith). Metha gŵr y tŷ yn lân a deall paham mae'r 'tywydd' yn braf bob dydd ond dydd Llun, pan mae'r wraig yn golchi ar yr aelwyd, a'r ager yn gymylau o gwmpas y silff.

Nid oes yn fy marn i neb wedi llunio englyn cystal ag un y diweddar T. Llew Jones iddynt:

Pan ddaw bloedd drycinoedd cas – yna'n siŵr
    Daw'r hen Siôn o'i balas;
    Ond pan geir heulwen eirias,
    A Siôn i mewn – daw Siân mas.

smit – term o'r chwarel yn golygu gorfod atal y gwaith oherwydd tywydd mawr neu dywydd sych eithriadol, e.e. 'smit dŵr' – oherwydd prinder dŵr i droi peiriannau, ayyb; 'smit eira' – y gwaith yn sefyll oherwydd eira trwchus; 'smit glaw' – glawogydd yn achosi i'r gwaith fod dan ddŵr. Dyma derm Cymraeg iawn am *rained off*. 'Smit gwynt', methu â gweithio ar graig y chwarel oherwydd gwyntoedd cryfion. Clywais hefyd gan Bill Jones y byddai hi'n 'smit piwiaid' ar adegau o'r haf yn Chwarel Ddu, Dolwyddelan pan bigai'r gwybed bach y gweithwyr yn ddidrugaredd.

stotian – 'mae hi'n stotian glaw', sef tywallt y glaw (Ardudwy)

strem y gwynt – holl rym y gwynt (Ceredigion)

swigod trana – clychau ar wyneb dŵr afon neu lyn cyn storm o fellt a tharanau.

sychu'n darrig – sychu'n sydyn.

taflu dafna – dechrau bwrw dafnau o law.

twll Cadi – enw llafar gwlad ar fwlch rhwng Beddgelert a Chaernarfon lle gellir gweld newid pan fo'r tywydd ar droi.

twll Robin – enw pobl cyffiniau'r Bala am y bwlch rhwng y Bronwydd a'r Fron, sy'n rhagfynegi tywydd drwg neu hindda.

twll y glaw – y fan y daw'r glaw ohono

twll y gwynt – y fan lle tardda'r gwynt

tywydd Ffair Borth – tywydd gwlyb o gylch diwrnod Ffair Borth ym Mhorthaethwy, Ynys Môn, sef ar 24 Hydref.

tywydd teg a hyfryd – tywydd heulog braf

y gwynt oddi fyny – h.y. pan fydd y gwynt yn chwythu o'r gogledd neu'r gogledd-ddwyrain. Fel rheol, ni cheir fawr o law pan chwythir o'r cyfeiriad

hwn. Hen ddywediad amdano yw: 'gwynt y gogledd a yrr y glaw ymaith'.
Wrth gwrs, gall ddod yn eira os yw'r tywydd yn ddigon oer.

y gwynt oddi lawr – h.y. pan chwytha'r gwynt o'r de-orllewin, mwy neu lai.
Daw glaw i'w ddilyn gan amlaf.

yn gwlitho'n drwm – yn bwrw gwlith a gwlychu gwellt y ddaear.

Pennod 8

Ar lan y môr ac o dan ei donnau

berjan –enw ar bolyn a osodid ar garreg neu graig yn y môr (S. *perch*). Gweler pennod **Enwau Lleoedd**, t. 101

berw Caswennan – lle drwg yn y Swnt rhwng y tir mawr ac Ynys Enlli (gweler 'ffrydiau Caswennan' hefyd).

brwal – math o wymon llydan (S. *kelp*, Arfon a Llŷn)

bwngi – math o fwi (S. *buoy*)

capiau gwynion – morluwch. Yr hyn a elwir yn *spindrift* yn Saesneg.

cemffro – cefnfro, sef rhan o'r traeth y tu uchaf i'r llanw

cist Dafydd Jôs – yr enw Cymraeg ar *Davy Jones' locker*

clust fôr – math o gragen fôr (*haliotis tubercalata* neu *abalone*)

crib môr-forwyn – math o gragen; (*Murex pecten*; S. *Venus comb*)

cram – cribyn i hel cocos oddi ar y traeth.

crochan berw – man byrlymus yn y môr. Ceir un yng nghyffiniau Morfa Bychan, Gwynedd, ac un arall yng nghyffiniau Carreg yr Imbill, Pwllheli.

cragen teisen Berffro – cragen Iago (Môn)

defaid Dafydd Jôs – enw ar y tonnau gwynion niferus yn enwedig ar ôl storm egr. Maent yn llai na'r 'cesyg gwynion'.

delysg y cŵn – credir mai math o wymon a elwir yn *Fucus serratus* neu *toothed wrack* ydyw oherwydd yr ymyl danheddog sydd arno. Nid yw'n ddelysg go iawn.

diwel lanw – yr adeg pan fo'r llanw yn cilio a'r trai yn dechrau (Aberdaron).

esgid y fôr-forwyn – math o wymon. Pam fod môr-forwyn eisiau esgid, ni fedraf ddwedud. Efallai mai'r gwymon *kelp* a olygir.

ffrydiau Caswennan – cerrynt yn Swnt Enlli. Gweler isod.

gorffrydau Caswennan – dywed rhai mai 'gorffrydau Caswennan' yw'r enw cywir. Yn ôl Lewis Morris roedd Caswennan yn enw ar un o longau'r Brenin Arthur, tra dywed eraill mai Gwennangorn oedd enw un o longau Madog ap Owain Gwynedd, a ddarganfu America yn ôl traddodiad, a'i bod wedi cael ysgytiad go arw yn Swnt Enlli, ac o ganlyniad, rhoddwyd yr enw hwn ar y cerrynt.

gwely mwd – gwely o laid ger glan y môr (S. *mud flat*)

gwichiad pen bolyn – math o wichiad

gwyg y môr – math o wymon (S. *sea wrack* neu *kali*)

gwymon sidan – math o wymon sidan

het y fôr-forwyn – math o gragen (*calyptraea chinensis*, S. *Chinaman's hat*).

llac(iau) – sef pantle yn hel dŵr ar y traeth neu draeth byw

llaered – llecyn neu ddarn o dir rhwng pen llanw a distyll y medrir ei groesi pan y bo hi'n drai.

llanw coch Awst – llanw a geir yn dod i fyny afon Mawddach ac Wnion ym mis Awst.

marwal – llanw isel (S. *neap tide*)

moryn mawr – ton anferth

pen y fôr-forwyn – math o gragen

pwrs y môr – pwrs y fôr-forwyn, sef cwdyn wyau ci môr

tocyn / tocia(u) – tociau tywod, twyni tywod (Ardudwy)

trybeddau – math o gerrynt môr rhwng Ynys Enlli a'r tir mawr

Pennod 9
Afiechydon a meddyginiaethau

Fel sawl peth arall, ceir enwau llafar gwlad ar lawer o'r hen afiechydon a'r meddyginiaethau a ddefnyddid gan ein teidiau a'n neiniau er ceisio eu gwella. Byddai amryw o'r hen bobl yn sôn am bethau fel 'hen annwyd' a 'bradgyfarfod' a sawl aflwydd arall. Gwn am amryw o leoedd hefyd sy'n awgrymu bod rhyw glefyd wedi cael effaith ar yr enw, megis Tyddyn yr Haint, plwyf Boduan, Llŷn, Pant Afiach, plwyf Clynnog a Gelli Gornwydydd, plwyf Llanfrothen. Dyma enghreifftiau o rai clefydau a ffisygau:

angau Llanllyfni – rhyw glefyd a fu'n poeni trigolion Llanllyfni, sir Gaernarfon, gynt. Dyma beth ddywed Gwallter amdano mewn nodyn yng ngholofn 'Manion o'r Mynydd' gan Carneddog yn yr *Herald Cymraeg*, 11 Rhagfyr 1928:

> ... ond pan yn sôn am 'Angau Llanllyfni' cyfeiriad sydd yma nid at yr un person, ond yn hytrach at ryw glefyd heintus iawn a aeth dros y wlad rhywbryd yn yr ail ganrif ar bymtheg, a'r lle cyntaf iddo dorri allan oedd Llanllyfni, am hynny galwyd y clwy difaol yn Angau Llanllyfni.

brech wen – hen ddywediad am y clefyd ofnadwy hwn oedd 'Y frech wen unwaith, y frech goch ganwaith'. Ceir cyfeiriadau at y clefyd ar lawer o gerrig beddi Cymru. Dyma un enghraifft oddi ar garreg fedd sydd ym mynwent eglwys Llangybi, Eifionydd, am flwyddyn y tair caib, 1777:

> Gieneth odiaeth aden, a'i gwelu
> Yng ngwaelod Dauaren
> Llechaf o dan y llechen
> Cies friw chwith gin frech wen.

clefyd Cwm Blaenglyn – adroddir hanes ymweliad y clefyd hwn ag ardal Abergeirw, plwyf Llanfachreth, Meirionnydd, ym mhapur *Y Seren* 1951 gan Gomer Roberts:

> Blwyddyn drist fu blwyddyn 1891 yn hanes y ddau Gwm yr Allt Lwyd a Chwm Blaenglyn. 'Daeth angau yma yn ei rym' i fedi gwyr cryfion i

lawr yn ddidostur – un neu ddau neu ragor mewn llawer annedd. Ymddengys fod angau creulon wedi cael hyd i ryw arf oedd yn ddieithr hyd yn oed i feddygon y cylch. Yr enw a roddid ar yr afiechyd oedd 'Clefyd Cwm Blaenglyn' er mai yng Nghwm yr Allt Lwyd y dechreuodd. Tua diwedd Mawrth neu ddechrau Ebrill, fel y credwn, bu farw Hugh Davies, Abergeirw Fawr, yn hynod o sydyn. Ond ni feddyliodd neb fod dim allan o'r cyffredin yn y digwyddiad, gan mai 'clefyd yr ysgyfaint' y galwai'r hen bobl bron bob afiechyd a ddigwyddai gymryd ymaith yn sydyn felly. 'A'r wlad a gafodd lonydd' am ysbaid o bum wythnos neu ragor. Yn lled agos i Galanmai cymerwyd mab H. Davies, sef D. W. Davies, naw mlwydd oed, yn wael gyda'r un afiechyd â'i dad, a bu farw ymhen ychydig ddyddiau. Parodd hyn gryn ddychryn yn y Cwm a'r cylch, ond gan na fu dim arall am yn agos i bythefnos, dechreuodd pawb ymdawelu.

Tua dechrau Mehefin dechreuodd yr afiechyd ymledu gyda ffyrnigrwydd mawr, ac fel y dywedwyd, syrthiai gwŷr cedyrn o'i flaen fel dail yr Hydref.

Dywed ymhellach iddo glywed gan un mewn gwth o oedran, i un ferch farw ohono, sef merch y Doladd. Ymledodd y clefyd i Hermon yn yr un plwyf, lle bu farw naw o aelodau'r eglwys ohono. Os ydych am fwy o hanes y clefyd hwn, darllener erthygl Dr Edward J. Davies, Cerrigydrudion, 'Ar drywydd "Clefyd Mawr" Hermon' yng *Nghylchgrawn Cymdeithas Hanes Sir Feirionnydd* 2010.

clefyd Pen-y-groes – haint a darodd trigolion Pen-y-groes, Nantlle, yn yr 1880au. Dywed rhai mai math o 'deiffoid du' ydoedd.

clefyd 'Stiniog – hen enw ar y teiffoid yn ardal Ffestiniog a'r cyffiniau. Dechreuwyd defnyddio'r enw hwn arno ar ôl yr epidemig a gafwyd ym Mlaenau Ffestiniog a'r cylch yn ystod yr 1860au. Ceir ei hanes mewn sawl cyfrol a chylchgrawn, megis *Hanes Plwyf Ffestiniog* (1882), G. J. Williams; *Stiniog* (1988), Ernest Jones; *Brad y rheibiwr dirybudd: A'i hynt ym Mro Ffestiniog* (1987), Dr E. J. Davies; *Clefyd 'Stiniog – Rhamant Bro* (1999), Steffan ab Owain.

clefyd y Wern – math o afiechyd a drawodd ardal y Wern, plwyf Llanfrothen, Meirionnydd, yn y bedwaredd ganrif ar bymtheg.

clwy du – math o glwyf y ceid sôn amdano yn yr 1860au. Efallai mai tebyg i'r teiffoid du ydoedd. Golyga *black murrain* ar wartheg hefyd.

dolur diarth – bystwn (S. *whitlow*)

eli dryweinen – eli a wneid gan wraig o Gorris, Meirion. Darwden = S. *ringworm*)

eli glas – math o eli at wella briwiau ac archollion (Llangelynnin, Meirion).

eli gloddfa – eli a wneid gan deulu Dr Robert Roberts, Isallt, Ffestiniog, ar gyfer gwella briwiau a llosgiadau a ddidoddefai'r dynion yn y chwareli.

ELI ERYRI.
TRA ADNABYDDUS
" CATHERINE MORRIS."

ELI ERYRI.	Mae DARGANFYDDIAD yr	ELI ERYRI.
ELI ERYRI.	ELI hwn yn NHEULU Mrs MORRIS er y flwyddyn 1783.	ELI ERYRI.
ELI ERYRI.		ELI ERYRI.
ELI ERYRI.	Mae ELI ERYRI yn meddyginiaethu yr anhwylderau canlynol:—	ELI ERYRI.
ELI ERYRI.	TAN IDDWF, BLOROD AR Y WYNEB, Y GWDDF, A'R CORPH.	ELI ERYRI.
ELI ERYRI.	LLOSGTAN, GÂFOD, PILES. LLOSG-EIRA.	ELI ERYRI.
ELI ERYRI.	LLOSGIAD, DERWINEN.	ELI ERYRI.
ELI ERYRI.	Hefyd pob math o WRES sydd yn TORI ALLAN TRWY Y CORPH.	ELI ERYRI.
ELI ERYRI.	Gwerthir yr ELI mewn blychau 7½c., 1s. 1½c., a 2s. 3c.	ELI ERYRI.
ELI ERYRI.	Anfonir ef mewn blychau trwy y post i bob cyfeiriad.	ELI ERYRI.
ELI ERYRI.	Derbynir y gwerth mewn Post Office Orders.	ELI ERYRI.

CYFEIRIER FEL HYN,—
Mrs CATHERINE MORRIS,
11 Pool Lane,
CARNARVON.

Hysbyseb o'r Herald Cymraeg,
2 Ebrill 1884

Eli Treffynnon
A'ch gwella yn union
Ond eli yr hen Fflint
A'ch gwella yn gynt.

* * *

eli Kitty Morris – eli a wneid gan Catherine Morris, ac a elwid hefyd yn Eli Eryri. Gweler yr hysbyseb.

eli gwymon sidan – eli at yr eryr (Llŷn)

eli llosg – eli at losgiadau yn bennaf

eli llosg Mari Jones – Llanfachreth, Meirion

eli llosg Meirion – eli a wneid gan deulu ym Mlaenau Ffestiniog a'r cylch.

eli mêl – eli a wneid â dail moron at wella plorod.

eli'r Hen Gae – eli a wneid ar fferm Cae Gwyn, Dolwyddelan gynt

eli'r India – sef *zinc ointment*

eli tân iddwf – dyma eli arall a wneid yn lleol yn Ffestiniog

eli Tŷ Coch – eli a wneid gan deulu fferm Tŷ Coch, Cwm Cynfal, Ffestiniog

eli Treffynnon – eli poblogaidd at wella llosg dŵr, llosg tân, pendduynnod, crydcymalau, toriadau, ayyb. Ceir amryw o hen rigymau amdano:

88

Eli Treffynnon
A'ch gwella chi'n union,
O bob clefyd ond diogi
A chlefyd y galon.

* * *

Eli Treffynnon a'i mendith yn union,
Eli *gafod wynt a'i mendith yn gynt. (Maldwyn)
Ystyr *cafod wynt, neu 'cawod wynt' yw crugdardd (S. *rash*).

ffisyg (au)

Ceid llawer math o ffisyg cartref neu foddion meddygol ers talwm, yn ogystal ag enwau llafar gwlad ar rai a wneid gan gymhorthydd y doctor a'r rhai a werthid yn y siopau. Dyma enwau rhai a fu'n boblogaidd am flynyddoedd gan rai o'r hen bobl: ffisyg clefyd melyn gan Lisa Jones, Maentwrog, ffisyg coch Pen-y-graig (Llangwnnadl, Llŷn); ffisig danal poethion (Llan Ffestiniog), ffisig grôt, ffisyg Margiad (Blaenau Ffestiniog) a ffisyg Modryb Maria (Tanygrisiau).

Ffisyg Llanllyfni – neu i roi ei enw'n llawn iddo, ffisig Doctor Jones Llanllyfni, a enwyd ar ôl Dr David Thomas Jones (1824-88), mab 'Doctor Mynydd' (1779-1839), Llanllyfni, ac awdur y gyfrol *Llysieulyfr Teuluaidd*.
Dyma ychydig o hanes y ffisyg hwn – Roedd gennyf frith-gof o gael llwyaid ohono at ryw anhwylder oedd arnaf pan oeddwn yn hogyn bach. Pa fodd bynnag, nid oeddwn yn cofio'n iawn at wella beth oedd y ffisyg. Digwyddais holi y diweddar Athro Gwyn Thomas un tro – ateb Gwyn oedd – ai nid at lyngyr y cymerid o? Wel, yr oeddwn innau yn rhyw feddwl mai ar gyfer peswch a ffitiau yr oedd. Beth bynnag ichi daeth yr ateb o'r hysbyseb ganlynol a godais o'r *Rhedegydd*, am fis Mawrth 1922:

Achubwch Eich Plant – Gellir cael Physig enwog Dr Jones, Llanllyfni, y feddyginiaeth orau at bob anhwylderau ar blant gan Mrs J. D. Davies, 9 The Square, Blaenau Ffestiniog. Mae rhinweddau y physig hwn yn brofedig ers blynyddau ym mhob achos o Gonvulsions, Llyngyr, y Frech Goch, Colic, Bronchitis a phob anhwylder yn y frest a'r ymysgaroedd. Physig diogel i'w roi i blentyn newydd-anedig.

89

O edrych ar y nifer o anhwylderau y gallai'r ffisyg hwn ei wella, mae'n amlwg bod y ddau ohonom yn iawn. Roedd Gwyn yn cofio bod y ffisyg yn gwella'r llyngyr a finnau yn cofio ei fod yn ddefnyddiol at beswch drwg a ffitiau. Yn ddiau, roedd hen ffisyg Doctor Llanllyfni yn gallu gwneud gwyrthiau!

Dywediad sy'n wir i lawer yw: 'y mae'r ffisig yn waeth na'r clefyd yn aml iawn'.

hen glefyd Corris – ymosododd hwn ar drigolion ardal Corris, Meirionnydd, yn yr 1860au a bu amryw farw ohono. Dyma beth ddywed J. Arthur Williams amdano yn ei gyfrol *Tros fy Ysgwydd* (1978):

> Bu Corris unwaith yn nodedig am glefydon. Ymwelwyd yn 1860 a'r ardal a gwywyd rhai o flodau mwyaf persawrus yr ardal ganddo.

Ymhlith y rhai a gollwyd yn y flwyddyn 1865 yr oedd David Davies, Goruchwyliwr Chwarel y Gaewern a Phregethwr gyda'r Trefnyddion Calfinaidd, Janet Lloyd Davies, ei briod, a'u mab hynaf David Lloyd Davies. Nid oedd ef ond pedair ar bymtheg oed pan fu farw ohono.

oel glas – ceir cyfeiriad at hwn yn y gyfrol *Brethyn Cartref* (1951) gan Elizabeth Williams wrth iddi sôn am ardal Garndolbenmaen:

> Roedd Owen Williams, Pen-y-bont, hefyd, yn helpu gwneud i fyny am brinder meddyginiaeth. Roedd ganddo oel dan gamp at wella unrhyw friw.
>
> Os digwyddai rhywun gael damwain heb fod yn galw am feddyg, rhedid i Siop Owen Williams am ychydig o'i 'Oel Glas'. Rhyw gymysgedd cartref oedd yr oel glas, ac ym marn Owen Williams roedd yn anffaeledig. Cofiaf i Tom Jones, Tyn-y-cae, fod wrthi'n codi wal yn ymyl Pen-y-bont, a charreg go fawr yn peri niwed i'w law wrth ei chodi. Rhedodd i Ben-y-bont at Owen Williams gan ddweud fod llyffant du wedi ei frathu yn ei law, ac Owen Williams yn rhedeg am y botel oel glas, ac yn dweud wrth Tom, 'rhaid i ti fod yn ofalus iawn o dy law, peth gwenwynig iawn yw brathiad llyffant du, weldi'. A John* fy mrawd yn cael hwyl am ben y ddau a dweud na allai llyffant du frathu o gwbwl, gan nad oedd ganddo ddannedd. Ond roedd Tom yn berffaith siwr mai'r llyffant du oedd wedi ei frathu. Onid oedd ef wedi gweld y llyffant o dan y garreg.

*John Lloyd Williams (1854-1945), y llysieuydd a'r cerddor, ac awdur *Atgofion Tri Chwarter Canrif*.

90

oel Morris Evans – yr olew enwog a wneid yn Llan Ffestiniog gynt ar gyfer gwella pob math o anhwylderau ar ddyn ac anifail. Y mae amryw o bobl wedi ysgrifennu erthyglau difyr amdano tros y blynyddoedd. Roedd Morris Evans yn un gwych am hysbysebu ei olew ac roedd ganddo rai hysbysebion yn yr iaith Sbaeneg ar gyfer cwsmeriaid yn yr Ariannin.

olew gewynnau – olew da at wella'r gewynnau a'r cyhyrau. Cynhyrchid ef gan Richard Evans, Bonesetter, Pwllheli, ac mae yn dal ar werth yn rhai o'n siopau hyd heddiw.

Hen Feddyginiaeth Fawr Cymreig

A Ragora ar Bopeth

Gwerthir am **1/3** a **3/-** gan eich Fferyllydd lleol.

"Nid yw eich aelwyd yn ddiogel heb Olew Morris Evans."

Morris Evans a'i Gwmni, Ffestiniog

OLEW MORRIS EVANS
AT YSTWYTHO'R CYMALAU

—AT—

Grydcymalau, Briwiau, Poen, Pydriadau o bob rhyw, Y Ddannodd, Sigdod neu Losg Tan, Fe wella bob dyn byw.

Nid oes ei Gyffelyb at LOSG EIRA.

1/3 a **3/-**

DOES DIM DAL ARNO ER PAN RHWBIODD EI HUN AG OLEW MORRIS EVANS

Pennod 10
Hen bethau anghofiedig

Yn y bennod hon rwyf am daflu golwg ar hanes ychydig o hen greiriau, offer a chelfi'r gorffennol. Dyma gerdd 'Colli'r Hen Bethau' o eiddo'r hen fardd Ianto Soch, Glan Rhyd, Botwnnog, a ymddangosodd yn yr *Herald Cymraeg* ar 25 Hydref 1927, sy'n cyfeirio at amryw o hen bethau anghofiedig y dyddiau gynt.

Colli'r Hen Bethau

Ple mae'r ffust, a'r gnocell eithin,
A fu'n curo bwyd i'r meirch?
Y droell bach, a'r picyn godro?
Ple mae'r diogyn bara ceirch?
Ple mae'r aradr bren hen ffasiwn
Welwyd gynt yn troi y tir?
Y topran toi, a'r haearn gwthio,
Yr ysgub rug, a'r stida hir?

Ple mae'r drol i dynnu'r trwmbal?
Ple mae'r twl i agor traen?
A'r og bren a'r dannedd hirion,
Rwygai'r cwysi ôl a blaen?
Ple mae'r lantern gorn ddilewyrch
Ar nosweithiau tywyll du?
Y bach gwair a'r crymau Medi?
Maent ymhlith y pethau fu.

Ple mae'r pigffyrch haearn gyrru?
Ple mae'r crwb, a'r stwffwl hwch?
Ple mae'r wasg, a'r cosyn cartra
Fyddai droedfedd bron o drwch?
Ple mae'r aerwyn o wair rhaffau?
Ple mae hithau 'rhen ordd bren?

Ple maent hwythau'r priciau pwdin?
Croes i'w gilydd byddai'r ddau.

Ple mae'r ladal bren a welsom?
Ple mae hithau y rhaff rawn?
Ple mae'r gogor wan ei fesgyn
Welwyd gynt yn nithio'r grawn?
Ple mae'r gannwyll frwyn, a'r coliar?
Gwelwyd hwythau gynt mewn bri.
Ple mae'r strodyr bwn, a'r ddyrnfol?
Y twca cam, a'r efail gi?

Ceir esboniad ar amryw o'r enwau uchod yng Ngeiriadur Prifysgol Cymru, ac felly, trof at rai nad oes fawr ddim wedi ei ddweud amdanynt hyd yn hyn:

Arch sinc – roedd hanes yr arch hon yn hollol ddieithr i mi nes imi ddarllen y canlynol am William Jones, Tunman, Llanrwst yn *Y Cymro*, 15 Mai 1957:

> Arch Sinc a Thun Ceiniog ... Gwnaeth Mr William Jones lawer o'r rheini, yn enwedig pan fyddai'n rhaid cadw corff yn y ty am gyfnod go hir cyn y claddu. Caeid ef yn yr arch sinc a'i sodro fel tun samon, ac yna dodid yr arch sinc yn yr arch bren.
>
> Ond y mae Mr Wm. Jones wedi ymddeol, ac nid yw'n debyg o wneud nag arch sinc na thun ceiniog eto. Gall ef gofio'r amser pan fyddai 13 tunman yn gweithio yn Llanrwst ar yr un pryd.

Byddai'n gwneud tuniau chwart i'r mwynwyr gadw eu dŵr yfed yn oer a ffres a gwnai rhyw ddwsin ohonynt mewn awr. Gwnâi fygiau tun ar gyfer y plant, sef ' tuniau ceiniog', fel y'i gelwid, a medrai wneud un mewn pedwar munud. Yn ogystal, byddai'n troi ei law at wneud caniau llaeth deg chwart a gostiai 1/8d (8c).

Cadach deupen – dyma beth arall sy'n ddieithr i lawer bid sicr. Dyma a ddywed Glan Rhyddallt amdano yn ei golofn 'Atgof a Chofnod' yn *Herald Cymraeg*, 10 Tachwedd 1941:

> Claddu Heb Eirch
> Ers amser maith yn ôl cleddid pobl gyffredin, neu'r tlodion os mynnwch, heb eirch am eu cyrff. Rhoddai swyddogion y plwyf fenthyg arch i

gludo'r ymadawedig i'r fynwent; yna codid ef o'r arch, a'i lapio mewn cynfas i'w gladdu. Heb eirch y cleddir milwyr ar faes y gad yn awr; hefyd y rhai a ddigwydd farw mewn llong ar y cefnfor, heb arch o gwbl.

Gwnaed deddf Seneddol unwaith yn gorchymyn claddu pawb mewn gwlanen, er mwyn cefnogi y fasnach wlân, yr hon oedd yn dra isel gynt, a thlawd fyddai'r gwlanenwr.

Oddeutu cant, neu gant a hanner o flynyddoedd yn ôl arferid claddu, mewn rhai lleoedd yng Nghymru, mewn 'cadach deupen' fel y'i gelwid, sef lliain wedi ei lapio am y corff, a rhaffau yn y ddau ben i'w ollwng i lawr i'r bedd; ond rhoddwyd terfyn arno pan rwygodd y lliain mewn un lle. Owen Gruffydd, yr hen fardd o Lanystumdwy, a orchmynnodd ei gladdu mewn lliain, megis y claddwyd Crist, eb ef:

Mewn, lliain, graian, a gro,
Bu gorff Iesu'n gorffwyso

cannwyll slwt – cannwyll a wneid ers talwm gan y tlawd drwy dynnu math o gerpyn hirfain drwy wêr toddedig.

cerbyd baban – ceir hanes yr hen gerbyd bach hwn yn atgofion J. Arthur Williams yn ei gyfrol *Trem yn ôl*, y soniwyd amdani eisoes. Pan ymwelodd awdur y gyfrol â Ty'nllechwedd, yn y flwyddyn 1910 dywed:

Cofiaf weld amryw o hen greiriau yno ... a hen gerbyd baban (pram) ond yn dra gwahanol i'r rhai a welir heddiw. Roedd wedi ei wneud o wiail a dim ond tair olwyn iddo, y rhain o bren hefyd ... a thipyn yn anodd fyddai i'r baban gael cwsg cysurus ynddo.

cist ystyffylog – cistiau wedi eu gwneud o goed derw ar gyfer cadw blawd – blawd ceirch neu flawd haidd – oedd y rhain. Weithiau byddai'r gist wedi ei rhannu'n ddwy, un ar gyfer ceirch a'r llall ar gyfer haidd. Mewn ambell le, cedwid cig moch wedi ei halltu efo'r ceirch yn rhan uchaf y gist.

clochydd pren – dyma hen beth sydd bron wedi mynd yn

angof gan bawb. Ar un adeg defnyddid math arbennig o glochydd i gynorthwyo gyda chaniadaeth yr eglwys mewn ambell blwyf, sef un wedi ei wneud o bren. Ei ddiben oedd helpu i yngan gyda'r Amen trwy ddynwared llais dynol a gwneud y gwasanaeth yn fwy effeithiol. Math o offeryn fel awtomaton oedd y clochydd hwn, ac os trawai'r offeiriad ei droed ar ran ohono seiniai yntau A-MEN yn union fel llais dynol, a gellid ei glywed yn eithaf clir trwy'r adeilad, yn ôl pob sôn. Arferid un o'r offerynnau hyn yn Eglwys Hirnant ger Llangynog, Powys, ar un adeg. Dyma hen rigwm amdano:

> Amen, clochydd pren
> Dannedd priciau yn ei ben.

cŷn cena – math o gŷn a ddefnyddid i grafu cen cerrig oddi ar feini a chreigiau yn y dyddiau pan fyddid yn ei ddefnyddio ar gyfer lliwio brethynnau. Ceir hanes Ap Fychan a'i chwaer yn hel cen cerrig yn ardal Llanuwchllyn pan oeddent yn blant.

dimai goch y delyn – sef y ddimai a fathwyd yng ngogledd Cymru yn y ddeunawfed ganrif.

haearn mwsogli – erfyn ar gyfer mwsogli toeau adeiladau oedd hwn. Gan fod toeau adeiladau, megis tai ac eglwysi, â cherrig to trwchus ac anwastad arnynt ers talwm, byddid yn gwthio mwsogl rhyngddynt er mwyn cadw'r tywydd rhag treiddio i'r adeilad.

megan – enw ar declyn a ddefnyddid fel *jack screw*. Ceir nodyn amdano yn 'Hanes Plwyf Penmachno' (1884) yn y gyfrol *Gweithiau Gethin*, sef traethawd o waith Owen Gethin Jones. Ceir y 'feg fawr' hefyd yn ardal Dinas Mawddwy gynt, sef math o lyffethair cosbol yn y blynyddoedd a fu.

padell ganhwyllau – neu 'padell fach', sef math o badell haearn a ddefnyddid i ddal gwêr ar gyfer gwneud canhwyllau brwyn ers talwm.

Padell ganhwyllau

potel y croeshoeliad – potel â chroes bren, ysgol a nifer o fân gelfi wedi eu gosod ynddi ar yr un syniad â'r poteli gyda llong hwyliau ynddynt. Gwneid hwy, hyd y gwyddys, fel sialens gan rai a fyddai'n hoff o dreulio amser yn naddu a cherfio coed. Credir bod rhai wedi eu gwneud gan garcharorion rhyfel.

strodur gyrn – enw arall ar y 'strodur bwn'. Gweler ystrodur (pennod **Amaeth**, t. 47).

twca bach Trawsfynydd – math o gyllell boced a wneid yn lleol yn Nhrawsfynydd yn nyddiau cynnar y diwydiant llechi. Gelwid hi'n 'gyllell fach Trawsfynydd' hefyd.

timpan foresg – math o glustog yw timpan, ac yn y dyddiau a fu gwneid rhai o wellt neu foresg mewn ambell le. Gyda llaw, math o welltyn bras a dyf ar lan y môr yw moresg. Yn ôl GPC gall timpan olygu hasog neu stôl wellt. Dyma gofnod o Gyfrifon Wardeniaid eglwys plwyf Ynyscynhaearn, ger Porthmadog, am 1755, ynglŷn â thalu am un o'r cyfryw bethau:

	£	s	d
Am ein Siwrneu i Ddeneio i gymeryd ein llw	0	1	0
Am fara a gwin	0	15	8
Am dimpan foresg	0	0	8

Mae hi'n amlwg nad pobl Môn oedd yr unig rai a wnâi ddefnydd o'r foresg yn y ddeunawfed ganrif. Y mae hi'n bosib mai ar gyfer penlinio arni yn ystod y gwasanaeth y lluniwyd y 'dimpan foresg'.

Pennod 11
Llên gwerin

Byd y Plant

Ar ôl chwarae a chael hwyl a diwedd dydd yn agosáu, gelwid ar y plant i ddod gartref i nôl eu swper a'u cael i'w gwelyau, ac un ffordd o wneud hynny yn y dyddiau a fu oedd peri dychryn iddynt drwy ddweud y byddai'r 'hwch ddu gwta' yn dod i'w bwyta, neu'r 'dyn sach' a fyddai'n eu rhoi i mewn yn ei sach a'u cludo i ffwrdd. Bygythid hwy hefyd â'r ladi wen, 'Dic tŷ poeth' (sef y diafol), 'dyn bach y lleuad' a'r 'sipsi goch', neu deulu'r sipsiwn, mewn sawl bro. Rhai eraill yn yr ardal hon oedd 'Wil wialen fedw' a 'Johnny pegs', y cyntaf yn gwneud ac yn gwerthu gwialennod bedw, a'r llall yn grwydryn yn gwerthu pegiau dillad; 'John Jôs gwallt mân' oedd y bwgan yn y Manod, Blaenau Ffestiniog. Yn Nefyn, 'Wil bachau heyrn' oedd y bwgan, a 'Dafydd rhengar' oedd yn brawychu'r plantos yn Nyffryn Iâl, 'Ann lliw glas' ym Mhenmachno, 'Jac bo lol' yn Llidiardau ger y Bala, ac yn ddiau, roedd llawer mwy.

Y Tylwyth Teg, gwrachod a chreaduriaid dychrynllyd

bodach glas – aelod o'r tylwyth teg a'u criw. Roedd sôn amdano mewn sawl ardal ers talwm, gan gynnwys yr Alban. Dyma gyfeiriad ato o erthygl 'Tro ar yr Olwyn' gan Powyson yn *Cymru* 1893, t. 24:

> Yr oedd hen drigolion Llanwddyn yn dra ofergoelus, ac yn credu mewn ysbrydion, Tylwyth Teg, Jac y Lantern, y bodach glas, cŵn yr wybren, a llawer o bethau oedd yn ymrithio i'r hen bobl fynyddig yn oriau y nos nes y canai y ceiliog yn y bore.

bwbach llwyd – un o dylwyth teg ardal Beddgelert oedd hwn.
crimbil – enw am blentyn y tylwyth teg a gyfnewidid am blentyn dynol.
crithod – enw ar blant newid y tylwyth teg
eurwrychyn – Yn ôl ysgrifau Bleddyn ar 'Hanes Plwyf Beddgelert' yng

nghylchgrawn *Y Brython* 1861, math o greadur a drigai ger Llyn y Gadair, Rhyd-ddu, yn yr hen sir Gaernarfon, oedd hwn:

> Ar lan Llyn y Gadair, yn yr ochr nesaf i'r ffordd, y mae bryn bychan, lle y dywedir i helgwn rhyw foneddwr, pan yn hela carw coch yn Eryri, godi rhyw anghenfil dieithr; yr oedd o ran ffurf ei gorff yn debyg i ych gwyllt, a chudynau o flew euraidd yn gorchuddio ei gorff drosto, y rhai oeddynt yn dathlu yn llachar pan dywynnai yr haul arnynt, yr hyn a barodd ei alw Aurwrychyn. Ymlidiodd yr helgwn ar ei ôl ar draws y Gors a thrwy Drws y Coed i ymyl Bala Deulyn, lle ei daliasant, ac wrth iddynt ei ladd efe a roddodd floedd mor ddiasbad ac angerdd nes rhwygo y creigiau, a galwyd y lle o hynny ymlaen yn Nant y llef – Nantlle.

O.N. Diddorol oedd sylwi mai yr enw a nodwyd am y llyn hwn gan John Fenton yn ystod ei deithiau trwy ogledd Cymru, oddeutu'r blynyddoedd 1536-9 oedd 'Llyn dan gader yr Eurwrychyn'. Tybed beth oedd yr eurwrychyn gwreiddiol?

hwdwch mawr – math o fwgan mawr dychrynllyd

llabgoch – yr anghenfil sy'n byw yn Llyn Tegid, Y Bala. Clywais yr enw hwn yn gyntaf gan un o weithwyr gwaith sets Arennig yn y 1970au cynnar.

llamhigyn y dŵr – math o ellyll dŵr oedd hwn yn ôl hen bobl ardal Beddgelert. Byddai i'w weld yn ymbrancio ac yn chwyrlïo yn nŵr Llyn Gwynant, neu'n llamu i fyny Rhaeadr Cwm Dyli ar adegau. Byddai'n torri llinynnau 'sgota'r pysgotwyr, ac os âi dafad neu ryw greadur arall i drafferth yn y dyfroedd, byddai'n eu llarpio a'u bwyta. Rhywbeth tebyg i lyffant dafadennog mawr gydag esgyll oedd y creadur hwn. Dychrynwyd llawer o bysgotwyr ardal Eryri liw nos gan ei sgrech annaearol. Enw arall arno, yn ôl William Jones, awdur ar draethawd ar hanes y plwyf, oedd 'llygad y dŵr'.

mallt y nos – enw ar fath o ddrychiolaeth a welid ar nosweithiau niwlog. Yn ôl rhai, roedd yn debyg i hen ŵr penwyn a gallai daflu hud tros lygaid pobl. O ganlyniad, aent ar goll yn niwl y mynyddoedd ac er y credent eu bod yn tramwyo ar y llwybr iawn, tueddent i gyrraedd yn ôl i'r un man ag yr oeddynt rai oriau ynghynt.

neidr 'sgellog – rhyw greadur ofnadwy oedd hwn yn ôl John Rogers a ysgrifennodd ar 'Ofergoeledd' yn *Cymru* (OME) 1892:

Yn adeg y cynhauaf yd y gwnai hon ei hymddangosiadau tymorol. Mawr fyddai'r sôn yn ein plith fel plant, bob cynhauaf yd am y neidar sgellog oedd wedi ei gweled yn fan a'r fan.

Yn ei gyfrol *Celtic Folklore* (1901) mae gan Syr John Rhys gyfeiriad at un a adroddodd hanes enaid person yn dod allan o enau hen was fferm ar ffurf 'madfall ddu' tra oedd yn cysgu gerllaw cae o ŷd a oedd heb ei gynaeafu. Dywed hefyd, nad oedd i ddeffro'r hen ŵr tra oedd y fadfall ddu yn crwydro ymhlith yr ŷd, neu mi fyddai'n marw.

Pegi Jonin – un o'r ychydig wrachod sy'n gysylltiedig â dŵr yn ein llên gwerin. Yn ôl un chwedl amdani hi, bu'n cerdded llawer hyd Afon Brenig, ger Tregaron, Ceredigion:

Ofnid Pegi gan bawb ac ni wrthodai neb bron gardod iddi. Un noson aeth Pegi i afon Brenig a cherddodd i fyny ac i lawr yng nghanol y dŵr yn corddi. Gallai pobl ei chlywed a thrannoeth daethant o hyd i'r menyn ar bostyn cyfagos. Daeth llawer yno i'w weld ond roedd pawb ag ofn cyffwrdd ynddo gan y gwyddent mai menyn gwrach ydoedd.

Y tylwyth teg – y mae llawer o bethau yn ein gwlad â rhyw berthynas â'r tylwyth teg. Nodais y rhain dros y blynyddoedd:

arian tylwyth teg – arian ffug

blodau tylwyth teg – menyg ellyllon, bysedd y cŵn

byrddau tylwyth teg – math o ffwng (y *Collybia dryophilla*, mi gredaf)

canu tylwyth teg – sŵn y pryfed yn nhes yr haf

cannwyll tylwyth teg – jac lantern/cannwyll y gors

catiau tylwyth teg – math o gerrig hirgrwn gyda thyllau main ynddynt tebyg i goes pibell glai a ddefnyddid i ysmygu gynt. Ceid rhai ar dir hen fferm Trwynswch, Ysbyty Ifan, ers talwm.

caws tylwyth teg – (S. *common mallow*)

clychau'r tylwyth teg – clych yr eos (S. *harebell*)

cylch tylwyth teg – (S. *fairy ring*)

llin tylwyth teg – (S. *purging flax*) *Linum catharticum*

llysiau tylwyth teg – cegid

maen melin tylwyth teg – troellen-werthyd carreg (S. *stone spindlewhorl*)

rhaffau tylwyth teg – gwawn

torthau tylwyth teg – math o ffwng a elwir *hebeloma crustuliniforme*

Y Tylwyth Teg gan Arthur Rackham

ymenyn tylwyth teg – olew craig

Cae Tylwyth Teg – yr enw ar un o gaeau fferm Carnguwch Fawr, ger Llithfaen, yn ogystal ag un ar fferm Tal-sarn, Boduan, Llŷn.

Y rhwyll – math o ellylles, neu wrach ddychrynllyd yn ôl rhai. Ceid lle o'r enw Cwt y Rhwyll yn Llanllyfni gynt. Tybed ai hen wrach oedd yn cartrefu yno, ynteu ai wedi ei wneud o ddellt, sef rhwyll ydoedd? Gyda llaw, gwraidd yr enw yn yr ystyr uchod yw 'yr wyll', ac yn ôl y geiriaduron gall olygu anghenfil y nos, hefyd.

Pennod 12
Enwau lleoedd

Ala – ceir sawl lle gyda'r enw 'ala' ynddo hwnt ac yma yng ngogledd Cymru, megis Ala Las yng Nghaernarfon ac Ala Fach ym Mhwllheli. Diddorol yw'r enw Ala Bowl ger Waunfawr, Gwynedd. Dyma'r enw a ddefnyddid yn naturiol am *bowling alley* neu le i chwarae pêl gan yr hen deidiau. Ceir lle o'r enw Alafowlia yn Henllan, Dinbych, hefyd. Tardd y gair o'r Hen Ffrangeg *alee*, ac yna'r Saesneg *alley*. Yr enw a ddefnyddid am yr un math o le ym Meddgelert a Phenrhyndeudraeth oedd Clwt Powlio a cheid Gwaun Bowlia ym Mhenmachno.

Carreg chwislen a charreg berjan – ceid 'carreg chwislen' ar arfordir Porthdinllaen ac un arall ar arfordir Llanfaelrhys, Llŷn. Diben y cerrig hyn oedd rhybuddio llongwyr o'r perygl i'r llong daro creigiau. Gosodid math o chwiban ar rai ohonynt a goleuadau ar rai eraill. Ceid 'carreg berjan' yn y môr ger Llanbedr, Meirion, ac ar arfodir Cricieth ar un adeg. Daw'r gair 'berjan' o'r gair Saesneg *perch*.

Carreg biso – enw carreg ar Ynys Môn, o bosib lle byddai'r hogiau yn piso, neu garreg gyda phant ynddi lle byddai dŵr o liw melyngoch yn tueddu i hel.

Carreg corn gwddw ceffyl –carreg ger terfyn plwyfi Llanddeiniolen a Llandygái. Nid ymhell oddi wrthi ceir carreg troi'r dŵr o'r nant i'r ddau blwyf.

Carreg lyncu – enw carreg ger Llanuwchllyn, Meirionnydd lle mae dŵr yr afon yn treiddio oddi tani.

Carreg yr Ymladd – enw carreg ym mhlwyf Llangywer ger y Bala. Dywedir mai arni hi y penderfynid hawl pedair fferm, sef Bryn Hynod, Bryn Bedwog, Pant yr Onnen a Glyn Bach, i libart y mynydd. Os byddai rhyw anghydfod yn codi

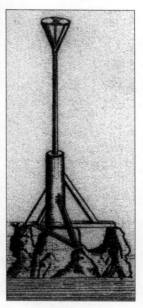

Carreg berjan o ddyddiau Lewis Morris, Môn

ynglŷn â'r libart, byddid yn setlo'r mater trwy ymladd ar y garreg hon. Enw arall arni hi yw'r 'Bwrdd Dyrnu'.

Cerrig ninbwl – enw ar gerrig gerllaw Llyn Cau ar Gadair Idris, yn ôl Idris Fychan yn ei gyfrol ar hanes Dolgellau. Dywed eu bod yn ymdebygu 'i hen fantelli simneiau mawrion, ac fel pe baent wedi bod rhywdro yn llosgedig'.

gorfainc – gan amlaf golyga doriad mewn tas wair, ond mewn enw lle gall olygu math o silff ar gae neu ffridd. Ceir cae o'r enw 'yr orfainc hir' yn Ardudwy, ac yn nhraethawd Owen Gethin Jones ar *Hanes Plwyf Penmachno* (1884) sonnir am 'orfeinciau'r ffridd' ynddo.

tŷ popty – ceid sawl lle yn dwyn yr enw hwn ers talwm. Dyma oedd enw'r werin bobl am fecws (*bakehouse*). Byddai amryw o dai ym Môn yn dwyn yr enw hwn hyd at ganol yr ugeinfed ganrif. Y mae un neu ddau yn dal yng Ngwynedd heddiw, un ym Meddgelert ac un arall yn nhref Caernarfon. Ceid cae o'r enw 'Llawes tŷ popty' ar fferm Penygeuffos yn Llysfaen, hefyd. Gall llawes olygu darn o dir cul yn sir Ddinbych.

Ffynonellau a Llyfryddiaeth

Geiriaduron

Geiriadur Prifysgol Cymru (Aberystwyth, 1950-)
Geiriadur yr Academi, Bruce Griffiths / Dafydd Glyn Jones (Caerdydd, 1995)

Llyfrau Termau

Llawysgrifau a Thraethodau:
Casgliad Bob Owen, Croesor (LlGC)
Casgliad J. W. Jones, Tanygrisiau, Blaenau Ffestiniog (Bangor)
Casgliad J. W. Jones, Tanygrisiau, Blaenau Ffestiniog (LlGC)
Casgliad Ioan Brothen (LlGC)
Casgliad o Dafodiaith Pysgota – Steffan ab Owain (Buddugol yn Eisteddfod
    Genedlaethol Cymru 1987)
Llawysgrif LlGC 10585 D
Llên Gwerin Sir Feirionnydd – William Davies; *Cyfansoddiadau Eisteddfod
    Genedlaethol Cymru, Blaenau Ffestiniog*, 1898
Ewyllysiau Cymru (LlGC)
Papurau T. Gwynn Jones 352 (LlGC)
Papurau William Phillips, Llawysgrif LlGC 15260D
Papurau T. Ll. Stephens 17 (LlGC)
Papurau Thomas J. Thomas 'Sarnicol' – Llsgr. 18685B & Llsgr. 21185D
    (LlGC)
Tafodiaith Nantgarw: Astudiaeth o Gymraeg Llafar Nantgarw yng Nghwm
    Taf (1986), Gwenllian Awbery
Casgliad o eiriau llafar gwlad sir Gaernarfon – Ifor Williams (Archifau
    Prifysgol Bangor)

Cylchgronau

Archaeologia Cambrensis
Y Brython

Bwletin Bwrdd Gwybodau Celtaidd
Byegones
Caban – cylchgrawn Chwareli Oakeley a Foty
Ceredigion
Country Quest
Cylchgrawn Rheilffordd Ffestiniog
Cymru (O. M. Edwards a Syr Ifan ab Owen Edwards 1891-1927)
Cymru'r Plant
Fferm a Thyddyn
Y Genhinen
Gwreiddiau, cylchgrawn Cymdeithas Hanes Teuluoedd Gwynedd
Llafar Gwlad
Meirionnydd – Cylchrawn yr Urdd
Y Naturiaethwr
Rhamant Bro – Cylchgrawn Cymdeithas Hanes Bro Ffestiniog
Taliesin
Y Traethodydd

Newyddiaduron a Phapurau bro

Baner ac Amserau Cymru
Y Cymro
Y Dydd
Y Ffynnon
Y Genedl Gymreig
Y Goleuad
Gwalia
Yr Herald Cymraeg
Llafar Bro
Llais Ogwen
Llais y Wlad
Yr Odyn
Y Rhedegydd
Y Seren
Y Sylwedydd

Llyfrau a Llyfrynnau

Budenberg, Geoffrey F. (gol.); Lewis Morris, *Plans in St George's Channel 1748*, (1987)

Davies, E. Tegla; *Gyda'r Blynyddoedd*, (1952)

Elias, Twm; *Am y Tywydd*, (2008)

Evans, D. Delta; *Siorsyn y Ffatri*, 'Dewi Hiraddug' (1942)

Evans, Huw a Davies, Marian; *Fyl'na Weden Ni* (2000)

Evans, Ioan Mai; *Gwlad Llŷn* (1968)

Fynes-Clinton, O. Henry; *The Welsh Vocabulary of the Bangor District* (1913)

Griffiths, Bruce (gol.); *Gwerin-eiriau Maldwyn* (1981)

Gwilym Tan-y-Foel, Sion; *Dywediada Gwlad y Medra* (1999)

Hughes, T. Meirion; *Hanes Tre'r Cofis* (2013)

Hughes, Herbert (gol.); *Cymru Evan Jones: Detholiad o Bapurau Evan Jones, Tyn y Pant, Llanwrtyd*, (2009)

Jones, Ernest; *'Stiniog* (1988)

Jones, Geraint V. (gol.); *Cymeriadau Stiniog*, (2008)

Jones, Huw; *Y Gair yn ei Bryd* (1994)

Jones, Huw; *Cydymaith Byd Amaeth*, Cyfrolau 1-4 (1999–2001)

Jones, John (Myrddin Fardd); *Gwerineiriau Sir Gaernarfon* (1907)

Jones, John (Myrddin Fardd); *Llên Gwerin Sir Gaernarfon*, (1908)

Jones, Owen John; *Dywediadau Cefn Gwlad* (1977)

Jones, R. E.; *Idiomau Cymraeg – Y Llyfr Cyntaf* (1975)

Jones, R. E.; *Idiomau Cymraeg – Yr Ail Lyfr* (1987)

Jones, T. Gwynn; *Brithgofion* (1944)

Lewis, M. J. T. & Denton, J. H.; *Rhosydd Slate Quarry*, (1974)

Lewis Jones, Bedwyr; *Blas ar Iaith Llŷn ac Eifionydd* (1987)

Lewis Jones, Bedwyr; *Iaith Sir Fôn* (1983)

Morris, W. Meredith; *A Glossary of the Demetian Dialect* (1910)

Owen, Elias; *Welsh Folk-Lore – A Collection of the Folk-Tales and Legends of North Wales* (1896)

Owen, Hugh; *Hanes Plwyf Niwbwrch* (1952)

Owen, Huw Selwyn; *Calon Gron a Thraed Cathod* (1990)

Phillips, William; *Rhos-Llannerch-Rugog* (1955)

Rhys, Syr John; *Celtic Folklore* (Vol. I & Vol. II) (1901)

Roberts, Robert Alun; *Hafodydd Brithion* (1947)

Tudur, Gwilym a Jones, Mair E.; *Amen Dyn Pren – Difyrrwch ein hiaith ni* (2004)

Wiliam, Mary; *Blas ar Iaith Blaenau'r Cymoedd* (1990)

William, Eurwyn; *Y Bwthyn Cymreig* (2010)

Williams, J. Rhosydd; *Hanes Rhosllannerchrugog* (1945)

Williams, Ann Elizabeth; *Meddyginiaeth Llafar Gwlad* (1983)

Williams, David; *Cofiant J. R. Jones, Ramoth* (1913)

Williams, J. Arthur; *Trem yn Ôl* (1963)

Williams, J. E. Caerwyn (gol.); *Llên a Llafar Môn* (1963)

Williams, J. Lloyd; *Atgofion Tri Chwarter Canrif* (1941-5)

Williams, Siân; *Ebra Nhw* (1981)

Williams, T. Hudson; *Atgofion am Sir Gaernarfon*, 1950

Wynne, Goronwy; *Iaith Sir Fflint*, 2005

Diolchiadau

Sefydliadau
Amgueddfa Werin Cymru, Archifdy Gwynedd, Archifdy Prifysgol Bangor,
Llyfrgell Blaenau Ffestiniog, Llyfrgell Genedlaethol Cymru.

Cyfeillion a chynorthwywyr
Dr Gwenllian Awbery, Duncan Brown, Ann Corkett, Twm Elias, y diweddar
Emrys Evans, Dr Bruce Griffiths, Dafydd Guto, Robin Gwyndaf, Gareth
Tudor Jones, Tecwyn Vaughan Jones, yr Athro Hywel Wyn Owen, Philip
Prendergast, Thomas Roughead, Dafydd Whiteside Thomas, y diweddar
Athro Gwyn Thomas, Vivian Parry Williams.

Cyfres Llyfrau Llafar Gwlad – rhai teitlau

65. POBOL A PHETHE DIMBECH
   R. M. (Bobi) Owen; £5.50
66. RHAGOR O ENWAU ADAR
   Dewi E. Lewis; £4.95
67. CHWARELI DYFFRYN NANTLLE
   Dewi Tomos; £7.50
68. BUGAIL OLAF Y CWM
   Huw Jones/Lyn Ebenezer; £5.75
69. O FÔN I FAN DIEMEN'S LAND
   J. Richard Williams; £6.75
70. CASGLU STRAEON GWERIN YN ERYRI
   John Owen Huws; £5.50
71. BUCHEDD GARMON SANT
   Howard Huws; £5.50
72. LLYFR LLOFFION CAE'R GORS
   Dewi Tomos; £6.50
73. MELINAU MÔN
   J. Richard Williams; £6.50
74. CREIRIAU'R CARTREF 2
   Mary Wiliam; £6.50
75. LLÊN GWERIN T. LLEW JONES
   Gol. Myrddin ap Dafydd; £8.50
76. DYN Y MÊL
   Wil Griffiths; £6.50
78. CELFI BRYNMAWR
   Mary, Eurwyn a Dafydd Wiliam; £6.50
79. MYNYDD PARYS
   J. Richard Williams; £6.50
80. LLÊN GWERIN Y MÔR
   Dafydd Guto Ifan; £6.50
81. DYDDIAU CŴN
   Idris Morgan; £6.50
82. AMBELL AIR
   Tegwyn Jones; £6.50
83. SENGHENNYDD
   Gol. Myrddin ap Dafydd; £7.50

84. ER LLES LLAWER - Meddygon Esgyrn Môn
    J. Richard Williams; £7.50
85. CAEAU A MWY
    Casgliad Merched y Wawr; £4.99
86. Y GWAITH A'I BOBL
    Robin Band; £7.50
87 LLÊN GWERIN MEIRION
    William Davies (gol. Gwyn Thomas); £6.50
88. PLU YN FY NGHAP
    Picton Jones; £6.50

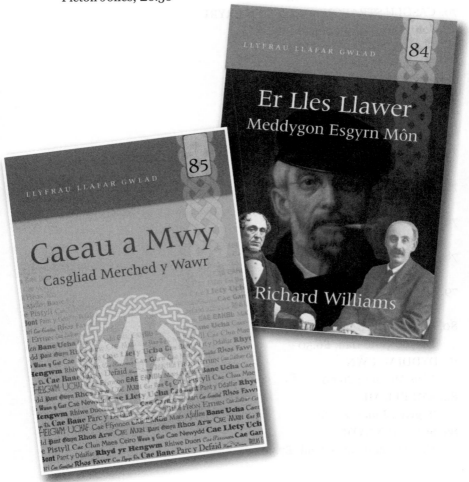

LLYFRAU LLAFAR GWLAD

86

Y Gwaith a'i Bobl
Robin Band

LLYFRAU LLAFAR GWLAD

87

Llên Gwerin
Meirion
Detholiad o Draethawd Buddugol 1898

William Davies
Gol: Gwyn Thomas

LLYFRAU LLAFAR GWLAD

88

Plu yn fy Nghap
Picton Jones